马克思主义简明读本

民主集中制

丛书主编：韩喜平
本书著者：王英洁

编委会：韩喜平　邵彦敏　吴宏政
　　　　王为全　罗克全　张中国
　　　　王　颖　石　英　里光年

吉林出版集团股份有限公司

图书在版编目（CIP）数据

民主集中制 / 王英洁著. -- 长春：吉林出版集团股份有限公司，2014.4（2021.2重印）
（马克思主义简明读本）

ISBN 978-7-5534-2933-5

Ⅰ. ①民… Ⅱ. ①王… Ⅲ. ①中国共产党—民主集中制—研究 Ⅳ. ①D262.11

中国版本图书馆CIP数据核字（2013）第203316号

民主集中制
MINZHU JIZHONG ZHI

丛书主编：韩喜平
本书著者：王英洁
项目策划：周海英　耿　宏
项目负责：周海英　耿　宏　宫志伟
责任编辑：宫志伟
出　　版：吉林出版集团股份有限公司
发　　行：吉林出版集团社科图书有限公司
电　　话：0431-81629720
印　　刷：永清县晔盛亚胶印有限公司
开　　本：710mm×960mm　1/16
字　　数：100千字
印　　张：12
版　　次：2014年4月第1版
印　　次：2021年2月第4次印刷
书　　号：ISBN 978-7-5534-2933-5
定　　价：36.00元

如发现印装质量问题，影响阅读，请与出版方联系调换。

序　言

　　习近平总书记指出，青年最富有朝气、最富有梦想，青年兴则国家兴，青年强则国家强。青年是民族的未来，"中国梦"是我们的，更是青年一代的，实现中华民族伟大复兴的"中国梦"需要依靠广大青年的不断努力。

　　要提高青年人的理论素养。理论是科学化、系统化、观念化的复杂知识体系，也是认识问题、分析问题、解决问题的思想方法和工作方法。青年正处于世界观、方法论形成的关键时期，特别是在知识爆炸、文化快餐消费盛行的今天，如果能够静下心来学习一点理论知识，对于提高他们分析问题、辨别是非的能力有着很大的帮助。

　　要提高青年人的政治理论素养。青年是祖国的未来，是社会主义的建设者和接班人。党的十八大报告指出，回首近代以来中国波澜壮阔的历史，展望中华民族充满希望的未来，我们得出一个坚定的结论——实现中华民族伟大复兴，必须坚定不移地走中国特色社会主义道路。要建立青年人对中国特色社会主义的道路自信、理论自信、制度自信，就必须要对他们进行马克思主义理论教育，特别是中国特色社会主义理论体系教育。

要提高青年人的创新能力。创新是推动民族进步和社会发展的不竭动力，培养青年人的创新能力是全社会的重要职责。但创新从来都是继承与发展的统一，它需要知识的积淀，需要理论素养的提升。马克思主义理论是人类社会最为重大的理论创新，系统地学习马克思主义理论有助于青年人创新能力的提升。

要培养青年人的远大志向。"一个民族只有拥有那些关注天空的人，这个民族才有希望。如果一个民族只是关心眼下脚下的事情，这个民族是没有未来的。"马克思主义是关注人类自由与解放的理论，是胸怀世界、关注人类的理论，青年人志存高远，奋发有为，应该学会用马克思主义理论武装自己，胸怀世界，关注人类。

正是基于以上几点考虑，我们编写了这套《马克思主义简明读本》系列丛书，以便更全面地展示马克思主义理论基础知识。希望青年朋友们通过学习，能够切实收到成效。

韩喜平

2013年8月

目 录

引 言 / 001

第一章 民主集中制的科学内涵 / 004

第一节 民主 / 005

第二节 民主集中制 / 026

第二章 马克思主义经典作家关于民主集中制的阐述 / 043

第一节 马克思和恩格斯的民主集中制思想 / 045

第二节 列宁的民主集中制思想 / 050

第三节 毛泽东的民主集中制思想 / 063

第四节 邓小平的民主集中制思想 / 074

第五节 江泽民的民主集中制思想 / 086

第六节 胡锦涛的民主集中制思想 / 097

第三章　中国共产党的组织原则——民主集中制 / 107

第一节　中国共产党的基本情况 / 109

第二节　中国共产党的根本组织原则 / 120

第三节　新时期坚持民主集中制的重要性和必要性 / 141

第四章　中国国家机构的组织原则——民主集中制 / 147

第一节　我国的国体和政体 / 148

第二节　我国的主要国家机关 / 154

第三节　我国国家机构的组织原则 / 160

第四节　中美组织原则的比较 / 176

参考文献 / 184

引 言

民主集中制原则既是中国共产党的组织原则，又是我国国家机构的组织原则。当前，我国正处在全面建设小康社会的关键时期和深化改革开放、加快转变经济发展方式的攻坚时期。面对复杂多变的国际环境，面对艰巨繁重的国内改革、发展、稳定的任务，面对党所面临的各种考验和危险，中国共产党作为我国的执政党，只有坚持民主集中制原则，才能统一全党和全国人民的意志，成为一个有机整体，形成强大的凝聚力和战斗力；才能领导全党和全国各族人民建设有中国特色的社会主义，更好地贯彻落实全面建成小康社会的各项部署，推动党的事业蓬勃发展。

民主集中制原则是党的组织原则。中国共产党第十八次全国代表大会通过的《中国共产党章程》中明确指出："民主集中制是民主基础上的集中和集中指导下的民主相结合。它既是党的根本组织原则，也是群众路线在党的生活中的运用。必须充分发扬党内民主，尊重党员主体地位，保障党员民主权利，发挥各级党组织和广大党员的积极性创造性。必须实行正确的集中，保证全党的团结统一和行动一致，保证党的决定得到迅速有效的贯彻执行。"十八大党章第十条把民主集中制规定为六项基本原则：（一）党员个人服从党的组织，少数服从多数，下级组织服从上级组织，全党各个组织和全体党员服从党的全国代表大会和中央委员会；（二）党的各级领导机关，除它们派出的代表机关和在非党组织中的党组外，都由选举产生；（三）党的最高领导机关，是党的全国代表大会和它所产生的中央委员会；（四）党的上级组织要经常听取下级组织和党员群众的意见，及时解决他们提出的问题；（五）党的各级委员会实行集体领导和个人分工负责相结合的制度；（六）党禁止任何形式的个人崇拜。

民主集中制原则也是我国国家机构的组织原则。主要表现在以下几个方面：在人民代表大会与人民的关系上，人民代表大会的代表由民主选举产生，对人民负责，受人民监督；在人民代表大会与其他国家机关的关系上，人民代表大会是国家权力机关，国家行政机关、司法机关都由人民代表大会产生，对它负责，受它监督；在中央和地方国家机构的关系上，在中央的统一领导下，合理划分中央和地方国家机构的职权，充分发挥中央和地方的两个积极性；民主集中制的具体表现就是极少数人对大多数人的绝对服从。

只有深刻理解了民主集中制的科学内涵，准确把握了民主与集中的辩证关系，才能"造成又有集中又有民主，又有纪律又有自由，又有统一意志又有个人心情舒畅的生动活泼的政治局面"，夺取中国特色社会主义的新胜利。

第一章　民主集中制的科学内涵

俞可平教授说:"民主是个好东西。"

民主对整个国家和民族,对广大人民群众而言,是个"好东西"。"在民主政治条件下,官员要通过公民的选举产生,要得到多数人的拥护与支持;其权力要受到公民的制约,他不能为所欲为,还要与老百姓平起平坐、讨价还价。"

"金无足赤,人无完人。"民主也绝对不是十全十美的,它也会有许多的不足。民主不是万能的,不可能解决人类的所有问题,但是民主保证人们的基本人权,给人们提供平等的机会。所以,民主是人类文明进步的重要基石。

千百年来,民主的理想一直鼓舞世界各国人民为掌握自己的命运而努力奋斗,推动着人类社会不断向前发展。虽然民主思想在西方和中国有着不一样的内涵和发展历程,也起着不一样的作用,但是,民主用它的力量在人类的历史上勾勒了一幅多姿多彩的美好画卷。

在对民主继承和创新的基础上形成的民主集中制,既是我国国家机构的组织原则,又是中国共产党的组织原则。在最初,民主集中制是作为中国共产党的组织原则写入《中国共产党章程》的。随着新中国的成立,民主集中制开始运用到我国的国家机构中,以中国共产党的党内民主推动着人民民主(人民民主是人民当家做主,管理国家的一种国家形式),党内民主的发展和人民民主的发展相互促进、相互推动,显现出强大的生命力。

在新时期坚持和完善民主集中制,对于加强党的自身建设,提高党的执政能力和水平,不断推进中国特色社会主义事业具有重要的意义。民主集中制是社会主义制度优越性的重要体现,是维护国家政权稳定的根本组织制度,是实现社会和谐的基础性制度,必须继续坚持和完善这一根本制度。

第一节 民主

一、西方民主的由来和发展

(一)西方民主的起源

在人类社会的早期,人类的生活方式主要是小规模的群居生活。因为生产力落后，使得早先的人们只能通过狩猎、采集草根、野果和其他食物维持生存。因此，在这样的生存条件下，在这些小规模的人群（也可以叫作"部落"）中，每个人都可以平等地表达自己的想法，例如，年长的人或者经验丰富的人普遍参与关于部落生死存亡的决策等，而不是一个人独自作决定。后来很多学者认为这样的民主形式也许是人类社会最"自然"的形式。当人类长期的定居生活形成以后，农业生产和贸易让人们慢慢地摆脱了原始的生活方式，私有制开始出现，人类社会紧接着出现了阶级对立，于是统治阶级就要建立一个国家来维护自己的统治。因此原始社会部落中的民主已经不适应国家这种新的形态，必须用一种新的民主形式来适应这种变化，于是就出现了古希腊的民主。古代希腊在地中海沿岸，古希腊的民主被人们公认为是西方民主的源头。

今天常用的"民主"这个词就来自于古希腊，在公元前15世纪中期，希腊人首次使用"民主"一词，即"demokratia"，来表达一种新的政治生活概念以及在希腊城邦中的政治活动。"demos"的意思是"民众"和"地区"，"kratos"的意思是"权力"和"做主"。把这两个词合在一起就是"人民掌握权力、做主"的意思。因此，后来的人就把"demokratia"解释为"人民统治",也就是指人民自己管理自己的事务。英语词汇中的"民主"、法语词汇中的"民主"和俄语词汇中的"民主"都是从"demokratia"中转译过来的。我国近代翻译家严复曾经将"demokratia"翻译为"庶建",庶在这里是"平民"、"百姓"的意思。"庶建"也就是指国家政府是由平民百姓建立的。

在古希腊时期,雅典是一个民主风气十分浓厚的城邦国家。公元前594年,担任雅典执政官(相当于城邦的元首)的梭伦进行改革。他提倡所有公民都有资格参加城邦的公民大会,参与城邦的政治决策,这一措施得到了大家的拥护和支持。后来又在公民大会的基础上发展了500人议事会制度,因此就出现了历史上著名的雅典民主。在今天,雅典的民主被西方国家广泛称作古代民主灯塔。

(二)西方民主的发展:近代民主思潮的兴起

进入近代以后,随着资本主义的不断发展,以文艺复兴为转折点,民主思想再次出现勃勃生机。资产阶级思想家们为了维护自己阶级的利益,开始反对基督教的神权政治专制和封建君主制度,他们举着自由、平等、民主和人权的旗帜,批判神权、王权和等级特权,公开宣称民主思想,他们把"天赋人权"、"分权制衡"和"主权在民"的信条奉为民主制度的根本原则和核心内容,并发起了资产阶级启蒙运动。主要的代表人物有荷兰唯物主义哲学家和无神论者斯宾诺莎的"天赋人权"思想,英国著名的哲学家和政论家洛克的权力分立思想,法国启蒙思想家孟德斯鸠的"三权分立"思想,法国大革命的思想先驱卢梭的"主权在民"思想。

1. 斯宾诺莎的"天赋人权"思想

斯宾诺莎生活在17世纪,当时的荷兰已经开始反对西班牙的专制统治,并在这个基础上建立了第一个资产阶级国家。于是,新兴的资产阶级就和已经落后于社会发展的封建势力展开了激烈地斗争。为了适应这种形式的需要,斯宾诺莎在他的著作中猛烈地抨击封建基督教会。在1670年,斯宾诺莎出版了一本名字叫作《神学政治论》的书。这本书使用科学的、历史的方法,在人类历史上第一次批判了基督教最重要的经典——《圣经》,驳倒了基督教神学家对《圣经》的各种歪曲和捏造,并提出了著名的"天赋人权"思想。

斯宾诺莎的"天赋人权"思想认为:"神所显示的天意赋予每个人以自由",也就是说每个人的自由权都是天意给你的,并且是自己的自由权的监护人,每个人都有义务保护好自己的自由权。这个权利不能全部被别人剥夺，人民可以根据制定的公约保留一些权利，其他的一些权利可以交给自己所信任的国家或者政府行使，斯宾诺莎认为统治者是社会正义与个人自由的唯一监护人。如果一个人的权利全部被剥夺，"和平就要受到威胁"，社会也会遭受危害，这必然对整个国家不利。

2. 洛克的权力分立思想

约翰·洛克是英国伟大的思想家、哲学家和著述家。洛克的思想对后代政治哲学的发展产生巨大影响，是第一位全面系统地阐述宪政民主基本思想的思想家。他的思想深刻地影响了美国的开国元勋及法国启蒙运动中的许多主要哲学家，被认为是最具影响力的思想家和自由主义者。洛克在1689年出版了《关于政府的两篇论文》，也就是《政府论》，这是他最重要的著作，对近代西方民主思想的发展产生了重要的影响。

洛克认为人类最初是处在自然状态中，这个自然状态是有自由、有平等，可以拥有自己的财产的状态。在这个自然状态中，人们可以在一定的范围内，也可以说是在法律许可的范围内，按照自己认为合适的方法去做一些事情，而不需要去听从任何人的命令和指挥；人和人之间也是平等的，没有一个人可以享受比别人多的权力；并且，在平等和独立的基础上，任何人都不能危害别人的生命、健康、自由或者是财产。

按照洛克的理论,在自然状态下,每个人从出生开始就是自由的、平等的、独立的。为了更好地保护好人们的财产以及让自己过着舒适、安全和和平的生活,人们自愿联合起来,结合成一个共同体。在国家这种共同体内,人们仍然像以前一样拥有自然状态中所拥有的自由,去做自己想做的事情。在国家这个共同体当中,有一部分人可以代替其余的人去做一些事情,这部分人我们可以称为"统治者",其余的人可以称为"被统治者"。统治者代替被统治者做一些事情,是为了更好地保障社会的安全以及人们的利益,因此这个权力应当得到被统治者的统一和允许。当国家的所作所为与这个目的相违背时,被统治者就有责任采取行动,甚至可以用暴力的方式将交给统治者的权力收回。

洛克是第一个倡导权力分配的人,即在统治者当中,权力要进行合理的分配。他把政治权力分为立法权、执行权和外交权三种,以防止专政。洛克的民主思想经过法国哲学家孟德斯鸠的进一步发展,对以后的政治发展产生了重要影响。

3.孟德斯鸠的"三权分立"思想

孟德斯鸠是18世纪法国启蒙思想家温和派的代表之一。

1748年，他发表了用27年时间完成的代表作《论法的精神》，这部著作被称为"理性与自由的法典"，是他对近代资产阶级民主思想的主要贡献。在这部政治学巨著中，他提出了政体分类论和三权分立说，对西方各国政治制度和法律制度的确立产生了巨大影响，也是改变人类历史的最伟大的著述之一。

孟德斯鸠赞成洛克的自由主义思想，认为民主宪政制度的目的是保障人们的政治自由。在民主国家，人民仿佛喜欢做什么事情就做什么事情，但是政治自由并不是没有限制的自由。在有法律指导的国家中，"自由就是做法律所许可的一切事情的权利"，只有依法行使自由权利，才能实现政治自由。孟德斯鸠还指出，"自古以来的经验表明，一切被授予权力的人都容易滥用权力。"在人类的政治生活中，滥用权力的情况也数不胜数，在孟德斯鸠之前，还没有一个人从这普遍的事实中真正悟出这样一个道理：用权力制约权力。孟德斯鸠在洛克分权理论的基础上提出了三权分立的思想。三权是指立法权、行政权和司法权这三种权力。分权制衡（分权制衡原则会在以后第四章中讲述）是指把权力分为立法权、行政权和司法权，这三种权力相互制约，为了达到一种相对平衡来防止权力滥用。孟德斯鸠提出这个思想是为了保障公民的政治自由，这种政治自由可以让每个人感觉到安全。所以要有一个不会滥用权力的政府，可以让人民享受这种自由，生活在有安全感的国家，去心情舒畅地按照法律规范做自己想做的事情。这就是用权力制约权力的好处。

4.卢梭的"主权在民"思想

法国大革命的思想先驱卢梭是杰出的哲学家、教育家、作家和作曲家。他在《社会契约论》一书中提出了富于革命性的宪政理论，核心内容就是反对封建专制、倡导民主共和和主张人民主权，反映了激进的资产阶级民主派的政治思想。社会契约论是卢梭提出"主权在民"思想的基础，"主权在民"的核心思想始终贯穿在整部著作之中。

卢梭认为，在自然状态中，除了自然法以外，人们的行为不受其他任何力量的支配，大家生来是自由的、平等的，没有奴役和被奴役、统治与被统治、压迫与强制服从的情况。他还进一步指出，由于自然状态存在一些不利的条件，并且随着人类各种机能的发展和生产力的进步，特别是私有制的出现，人类社会只能进一步地向前发展，于是人们平等地、自由地订立契约（契约通俗来讲可以叫作协议）。人们订立的契约是为了通过人们相互结合的方式，改变人们的生存方式。这种自由结合的契约形式便形成了国家。在国家的这种状态下，国家的主权属于全体人民，人民只是把自己的自然权利交给整个社会，而不是交给任何一个个人，人们依然享有自己的自由。任何政府都不能侵犯人民自由平等的权利。

为了让人们更好地理解他的"主权在民"思想，卢梭进一步解释，他强调民主国家是在社会契约的基础上产生的，因此，每个公民都是国家权力的主人。在民主国家中，主权属于全体人民，并为人民的"公意"所指导。主权的核心是立法权，立法权必须属于人民，立法者必须无比公正，因为主权体现人的意志，是集体的生命，"权力可以转移，但是意志却不可以转移"。人民没有任何理由转让主权，转让主权就是出卖意志，就是出卖自由和生命。主权不仅不可转让，也不可以分割，卢梭反对把主权分割为立法、行政、外交等若干权力，因为主权代表公意，是绝对的，至高无上的和神圣不可侵犯的。卢梭还主张任何公民都可以担任国家的行政官吏。卢梭还认为政府只是人民为执行契约而创设的，任何政府侵犯了人民的权利，人民便可以不承认它，而且有理由起来推翻当权的统治者，夺回自己的权利。人们以暴力推翻封建暴君的专制统治，不仅是合法的，也是合理的。

以斯宾诺莎、洛克、孟德斯鸠和卢梭为代表的民主思想家，对君权神圣、君权神授的思想进行了猛烈地批判，提出了系统的思想与理论去实践民主政治，如天赋人权论、契约论、人民主权论、自由论、分权制衡论和代议制政府论等。这些思想的提出，对封建专制理论无疑是致命的打击，同时也为民主政治的出现提供了坚实的理论基础和可操作的政治蓝图。这些民主思想广泛传播，影响着西方，以至整个世界。不仅对法国大革命有着直接影响，为欧美资产阶级革命的到来作了充分的思想准备，还鼓励中国、日本等亚洲国家的仁人志士为改造旧社会而努力斗争。

二、中国民主的由来和发展

（一）中国古代的民本思想

中国民本思想是传统政治思想中一个重要的组成部分。民本思想可以让君主在执政的过程中注意顺应民心，反映百姓的愿望，认识到民众的团结可以让一个朝代富强和兴盛。

中国古代的民本思想可以分为以下几个阶段：

1. 初期民本思想的出现。原始社会是人类社会发展的第一阶段，自从人类出现，原始社会也就产生了。原始社会可以分为旧石器时代、中石器时代和新石器时代。氏族大约产生于旧石器时代晚期，在原始氏族内部就有民本的思想萌芽。氏族内部的一些事情往往要经过民众的讨论和同意。例如，作为氏族部落首领的黄帝、尧、舜、禹在决定一些事情的时候都会认真听取别人的意见，他们不但有民主的作风，而且都有一套实施民主的措施，都是为了为部落的成员带来最大的利益。

从夏朝开始了奴隶社会，进入了"家天下"的历史。在奴隶社会，统治者认为君王是奉上天的命令治理国家、统治人民的，所以称为"天子"。周代的姬旦，也就是我们常说的周公，在总结武王伐纣的历史中认识到民心的重要性——一个王朝的兴盛不能忽视民众的力量。因此，周公把"民"和"天"联系在了一起，把"民"和"天"放在了同等的位置上看待，认为人民的想法就代表了上天的想法。

2.民本思想的兴起。春秋战国时期，经历了五百多年的漫长岁月，是中国奴隶社会崩溃和封建社会确立的时期。这是一个中国社会大变动的时期，也是民本思想兴起并丰富发展的时期。春秋时期的政治家管仲和子产都有鲜明的民本思想。管仲提出了"令顺民心"（意思是国家下达的命令要顺着百姓的心意）；子产提出了"为政必以德"（意思是用道德原则来治理国家），办法是"抚民"（治理人民）、"惠民"（对人民施恩惠）、"养民"（养育民众，使民众生活好），并且要时刻倾听民众的意见。子产不同意毁乡校，是为了保留一个反映民众情绪的渠道。

春秋战国时期，由于动荡激烈的社会和复杂的政治斗争，产生了各种思想流派，例如儒家、法家、道家、墨家等，他们著书讲学，互相论战，出现了学术上的繁荣景象，这种景象被后世的人称为百家争鸣。其中儒家的代表人物主要有孔子、孟子、荀子，下面主要讲一下这三位思想家的民本思想。

孔子是儒学的创始人，耳闻目睹了春秋时期各国人民在社会变革中的作用。孔子思想理论体系的核心内容是"仁者爱人"，要求统治者要把爱护百姓当作治国的一项重要内容。孔子反对统治者对百姓进行压迫和剥削，强调"宽则得众"（意思是宽厚就会得到众人的拥护）。孔子从爱民的思想出发，主张养民，并且赞扬了子产的思想。他还认为要达到爱民、利民（对人民有利、有好处）、富民（使人民生活富裕）和教民（教育人民）的目的，关键在于安民，即"有国有家者，不患寡而患不均，不患贫而患不安"（意思是无论是有国的诸侯或者有封地的大夫，不担心分的少，而是担心分配不均匀，不担心人民生活贫穷,而是担心生活不安定)。

  战国时期的重要思想家孟子,进一步提出了"民贵君轻"的民本思想,将古代的民本思想发展到一个新的高度。孟子继承和发展了孔子"仁"的思想,提出了"仁政"的思想,其核心是"得民",得民的关键是"得民心",所以统治者要学会"养民",可以使"五亩之宅,树之以桑"(意思是五亩田的宅地,房前屋后多种桑树),"百亩之田,勿夺其时"(意思是一百亩的田地,不要占夺种田人的农时);还要做到"省刑罚,薄赋敛"(意思是降低赋税,减少徭役),使"黎民不饥不寒"(意思是让老百姓不挨饿受冻)。"亲亲而仁民,仁民而爱物"(意思是只有当你能够爱自己的亲人时,才能去爱百姓;只有当你能够爱百姓时,才能爱惜世界万物)。孟子民本思想最闪光的地方,就是提出了"民为贵,社稷次之,君为轻"(意思是百姓最重要,要放在第一位,国家其次,君主最后)的思想。他还认为国君有过错,臣民可以规劝,规劝多次不听,就可以推翻他。孟子反对兼并战争,他认为战争太残酷,主张以"仁政"统一天下。

  战国时期另一位思想家荀子,对民众在国家中的重要作用有了更加深刻的认识。荀子第一次用舟和水比喻君主和人民的关系:"君者舟也,庶人者水也。水则载舟,水则覆舟。"(意思是君王好比是船,百姓好比是水,水可以让船行驶,也可以让船淹没。)荀子还说:"得百姓之力者富,得百姓之死者强,得百姓之誉者荣。"(意思是治理国家的君主,能够得到百姓出力种地就可以富足,得到百姓拼死作战就可以强大,得到百姓称赞颂扬就可以荣耀。)所以在荀子心中,一个国家的统治者如果离开了人民,就会一事无成。

总之,从孔子的"仁者爱人"到孟子的"民贵君轻"再到荀子的"君舟民水"思想,民本思想已经形成了比较系统的政治思想。

3. 民本思想的继承和发展。春秋战国以后,秦始皇统一六国,建立了中国历史上第一个统一的多民族封建国家,并且创立了中央集权的君主专制制度,这项制度一直传袭、影响到清代。秦王朝的制度虽然对中国历代王朝的制度建立有着不可磨灭的影响,但它忽视人民的作用,推行严刑峻法,结果导致秦朝灭亡,给后世留下了深刻的教训。之后,西汉取代秦朝,在总结前朝经验教训的基础上,民本思想再次高扬。汉文帝时期的贾谊十分强调"民为国本"(百姓是国家的根本),他清醒地认识到,曾经横扫六国、不可一世的秦王朝就是因为推行暴政、不得民心而被陈胜领导的农民起义推翻；他同时也敏锐地觉察到，新兴的西汉王朝如果不消除弊政就有重蹈秦亡覆辙的危险。所以贾谊指出："闻之于政也，民无不为本也……民无不为命也……民无不为功也……民无不为力也……民者万世之本。"他还说："自古至于今，与民为仇者，有迟有速，而民必胜之。"由此可以看出，贾谊高度重视民心向背的问题，非常珍惜国家统一与社会安定的局面。西汉另一位思想家董仲舒也十分注重"爱民"，他站在百姓的立场上，关心百姓的疾苦，希望改善百姓的生存环境和条件，使百姓"各安其业"。

唐朝皇帝李世民是高扬民本思想的君王代表，他特别欣赏荀子"君舟民水"的观点，强调要以民为本，非常重视老百姓的生活，制定了一系列顺应民心的开明政策。唐太宗李世民爱惜民力，下令减轻徭役和赋税，让老百姓休养生息，安定生产，耕作有时。他也特别注重法治，但在量刑上十分谨慎，他认为人死了不能再活，执行法务的时候必须宽大简约。在唐太宗治理下的唐朝，出现了国泰民安的局面，形成了中国历史上著名的贞观之治。唐代大思想家、文学家柳宗元也有着强烈的民本思想，他批判君权神授（即皇帝的权力是神给的），认为君王的权力是民众给的而不是神给的。最可贵的一点是，他认为官吏是为百姓服役的，而不是去奴役百姓的。

北宋思想家、政治家王安石的思想中也蕴含着丰富的民本思想。在他主持的全国范围内的变法中，进行赋税改革，注重减轻百姓的负担；通过一些措施使百姓从劳役中解脱出来，保证了劳动时间，并规定各地兴修水利工程来保证农业生产。在这一系列变法中都体现了王安石的民本意识。南宋理学的集大成者朱熹一生与下层百姓相处时间比较长，有着爱民思想。他对普通的"小民"有着较深的了解和同情，在他看来，国家以人民为本，是为民众而建立的，国家的存亡、君主地位是否稳固，都是由人民决定的。他主张国君要爱惜和养护民众的人力、物力、财力，体恤百姓，减轻对他们的剥削。朱熹认为裕民富民的最大障碍是来自豪强地主与贪官污吏的勾结，主张严厉打击扰民敛财的贪官污吏。在遇灾荒年景，他还主张富豪的大家庭要救济贫苦的百姓，使贫民下层没有饥饿的后患。

明朝的开国君主朱元璋出身社会下层一个贫苦的家庭，并且经历过元朝末期的农民战争，所以他对民和国的关系、民富和国富的关系有着比较深刻的体会和感受，因此在他的思想中民本意识比较浓厚。他认识到百姓是国家的根本，"民安则国安"，"民穷则国不能独富，民富则国不能独贫。"因此，朱元璋在明朝初期实行了一系列措施让百姓能有好的生活条件，例如：整顿吏治（整顿官吏的管理制度），惩办腐败（惩罚腐败的人），轻徭薄赋（减轻徭役和赋税），发展生产。从而使明朝出现了百年左右的盛世。

明朝末年清朝初期的思想家黄宗羲提出了自己的民本思想。黄宗羲对封建帝王进行了猛烈地批判，提出了"天下为主，君为客"的思想，认为君主是适应天下人的需要产生的，也应当把服务天下的人民作为自己的使命。他还说："盖天下之治乱，不在一姓之兴亡，而在万民之忧乐。"（意思是天下的安定和混乱，不在于君王一族的兴盛与衰亡，而是在于天下百姓的快乐与忧愁。）黄宗羲关注民生，要求统治者必须轻徭薄赋，减轻民众的负担；他反对重农抑商（重视农业生产，抑制商业发展）的政策，提出"工商皆本"，认为只要是有利于增加社会财富的，不管是农业还是商业，都是国家的根本，要求发展工商业。

经过以上简单的讲述，我们大概理清了我国古代的民本思想，经历了萌芽、兴起、继承和发展的过程，成为中国政治思想体系中的精华。我国古代的民本思想对于促进生产力的发展，社会稳定和发展起了一定的积极作用，并且影响了近现代中国的民主思想。

（二）中国近代民主思想

中国近代民主思想的产生和发展就思想来源而言，主要有两个，一个是西方近代民主思想（前文已重点讲述了几个代表人物的思想），另一个是继承和弘扬了中国传统的民本思想。

1840年鸦片战争爆发，中国被迫卷入了世界资本主义市场。经济和政治上的灾难加上侵略者的坚船利炮，使一部分人从"天朝上国"的梦幻中惊醒，逐渐抛弃了骄傲自大的腐朽思想，开始关注世界，探索新知，寻求强国之路，从而拉开了近代民主思想在中国传播的序幕。

1. 酝酿阶段。鸦片战争以后，随着外国资本主义的入侵，中国逐渐沦为半殖民地半封建社会，民族危机加深。为了寻求救国救民的道路，一些有识之士开眼看世界，开始向中国介绍西方的民主制度。林则徐和魏源作为地主阶级改革派的代表，他们的"以民为本"的民主思想和爱国、拯救民族危亡联系在一起。另外，洪仁玕也向中国介绍英美的民主制度，开始考虑如何用民主制度代替专制制度的问题。洪仁玕在《资政新篇》中介绍了美国的民主选举制度。从《资政新篇》中我们可以看出，洪仁玕的主张，已经"开始联系现实，考虑如何解决君主专制所带来的弊端问题"。冯桂芬也指出,"中国不仅在军事方面,而且在内政制度方面也有不如西方的地方。"可见,这一时期的思想家们已经开始从制度层面来分析中国与西方的差别。

2. 传播阶段。从洋务运动到戊戌变法,是中国近代民主思想的传播阶段。在这个时期,越来越多的人开始认识到中国和西方的制度差异,一些资产阶级知识分子对西方资本主义的民主制度有了较多的介绍和评论,大胆地提出了要改良中国的政治制度。早期的改良派郑观应在《易言》中提到学习西方的政治制度来改良中国的政治制度,可以使中国长治久安。后来,王韬也提出了类似的主张。洋务派中也出现了立宪思想,如郭嵩焘,他在出使英国以后,仔细研究了西方资本主义国家的议院制度,明确提出要学习西方。在这一点上,洋务派与早期改良派的思想有着相同之处。然而,戊戌变法以前出现的各种学习西方民主制度的思想,并不是真正意义上的西方近代民主。西方近代民主理论的核心"主权在民"、"以法律限制权力"等等,对于那个时代的中国人来说,是很难接受的,中国人还需要经过进一步的学习和启蒙。

3. 发展和成熟阶段。从戊戌变法开始,西方的民主思想在中国开始发展并开始了早期的实践活动，推动了近代中国民主理论的发展与成熟。戊戌变法时期，资产阶级改良派坚决地要求废除专制制度，开设议院，提倡民权，使得天赋人权论、社会契约论、自由、平等、博爱等西方资产阶级民主思想得到广泛宣传。康有为的《孔子改制考》，严复的《辟韩》，郑观应的《原君》，都表达了他们的民主思想。这时的维新志士们通过民权宣传表达自己对民主制度的向往。戊戌变法是一场面对整个传统体制提出的全面改革要求，是民主思潮高涨的产物。

进入20世纪以后，随着民族危机的加重，人们对清政府彻底失望，革命思潮也逐渐高涨，资产阶级民主思想获得了较大的发展。这一时期，孙中山的民主思想，是近代中国民主思想发展的第一个高峰。作为资产阶级革命派的代表，孙中山提出"民主"观念，真正承认、肯定人民是国家唯一主人。1894年，孙中山在兴中会的章程中提出"创立合众政府"，这里的"众"指的就是人民，这一思想明确否定了中国历史上长期存在的、被认为天经地义的"帝国"体制，也是对改良派设想的"君民共主"体制的明确否定。1905年，孙中山在同盟会誓词中将奋斗目标定为"建立民国"，这就进一步明确了国家与人民的关系，将人民看作国家的主人，这在中国历史上具有破天荒的意义。1912年，南京临时政府参议院通过《临时约法》，用法律形式肯定了国家全部政治生活中的民主原则。《总纲》规定："中华民国之主权属于国民全体。"这是中国历史第一次在法律上肯定了人民的主人翁地位。在《临时约法》第二章中规定："中华民国人民一律平等，无种族、阶级、宗教之区别。"人民享有身体、家宅、财产、营业、言论、著作、刊行、集会、结社等自由；有请愿、陈诉、诉讼、选举与被选举等权利和纳税、服兵役的义务。这在中国历史上也是前所未有的创举。

4. 转变阶段。新文化运动是中国近代史上规模最大的反对封建文化的思想启蒙运动，也是近代中国民主思想发展一个重要的里程碑。以陈独秀、鲁迅、胡适、李大钊等人为代表的先进知识分子，以《新青年》为主要阵地，以北京大学为活动地点，明确提出"提倡科学与民主，反对专制、愚昧和迷信；提倡新道德，反对旧道德；提倡新文学，反对旧文学"，把斗争的矛头指向了维护封建制度的孔教。新文化运动向前迈了一大步，民主与科学的思想得到了弘扬，动摇了封建思想的统治地位，使人们的思想尤其是青年的思想得到空前的解放，尤其是中国知识分子在运动中受到了一次民主与科学的洗礼，推动了中国自然科学的发展。五四运动以后，特别是俄国十月革命的爆发，马克思主义传入中国，逐步被中国先进的知识分子接受，作为拯救国家、改造社会的思想武器。他们广泛宣传马克思列宁主义，教育和组织人民，将革命推进到了一个新时期，这一时期民主思想发生了飞跃。

不论是西方民主思想还是中国民主思想，也不论是古代民主思想还是近代民主思想，都与中国的历史发展，特别是现代民主集中制的产生和发展有着千丝万缕的联系。认真梳理一下民主理念的由来与发展，对正确理解接下来讲述的民主集中制有很重要的帮助。

第二节　民主集中制

一、集中制的含义

集中的意思是把分散的人、事物、力量等聚集起来。集中制是随着人类社会的产生而产生的，也是随着人类社会的发展而发展的。不同形态的社会、不同性质的国家、不同阶级的政党，有着不同的集中制。即使是性质相同的国家或者政党，由于历史条件不同，集中的方式和集中的程度也是不完全一样的。虽然集中制有着各种各样的形式，但是都有一个共同的目的，就是指导、约束人们的行动，从而实现一定的目标。如果没有集中，人们就不会有统一的行动；没有统一的行动，社会就难以向前发展，国家就难以存在。

在原始社会中，人们为了生存，抵御来自各个方面、各种各样的威胁，就必须结成一定的关系，采取联合的行动。在当时的社会中，每个氏族、部落或者部落联盟中，虽然没有成文的规章制度去规定"集中"，但是实际上在人们心中这已经是默认的事情了。如果有人违反了，还会遭到其他成员的斥责。到了奴隶制社会和封建制社会，占统治地位的奴隶主阶级和封建地主阶级建立的国家，都有一套比较完备的集中制来巩固自己的统治，防止国家的分裂。在奴隶制和封建制国家里，集中的权力掌握在国王、皇帝手里，国王、皇帝在作一些决定的时候，完全按照自己的意愿决定是否听取本阶级其他成员的意见，以及怎样去听取，听取多少。在资本主义社会，资产阶级高呼"民主、自由、平等、博爱"，但在资本主义国家中体现集中的法律却不少，归根到底是为了协调各种关系，维护资产阶级的整体利益。在共产党领导的社会主义国家，在高度民主的基础上实现集中(在后面的章节中会详细介绍中国的民主集中制),来维护和实现工人阶级和广大人民群众的根本利益。

总之,不论在任何形态的社会中,也不论在什么性质的国家里,集中制都是必不可少的。恩格斯说:"没有这种统一的和指导性的意志,要进行任何合作都是不可能的。"虽然任何一个决策或者行动都会有人不赞成、不支持,但是为保证统一的意志和统一的行动,就需要去服从,哪怕是被迫地去服从。随着社会的不断发展和进步,人们自觉服从的意识逐渐增强。

二、民主集中制

民主集中制实质上是民主的集中制,是社会主义国家的集中制,它区别于奴隶社会、封建社会和资本主义社会的集中制,是无产阶级政党和社会主义国家机构的根本组织原则和领导制度,它的基本含义是民主基础上的集中和集中指导下的民主相结合。民主集中制规定了领导和群众、上级和下级、部分和整体、组织和个人的正确关系,是胜利推进革命和建设事业的重要保证。

(一)民主集中制的由来

马克思和恩格斯创立共产主义者同盟和第一国际的实践

奠定了民主集中制的思想基础。马克思和恩格斯在自己的建党学说和建党过程中，虽然没有明确提出"民主集中制"这个概念，但在他们的著作中和起草的各种章程中，已经清晰地体现了一系列民主集中制的思想，并且把这一思想运用到了创建无产阶级政党的实践中。

列宁首次提出并且使用了"民主集中制"这个概念。1905年12月在俄国社会民主工党第一次代表会议上强调了民主集中制的重要性，并在1906年4月俄社会民主工党第四次代表大会上，首次把民主集中制载入党章。从此，确立了民主集中制这一科学概念。1920年，列宁又将这个原则作为加入共产国际的条件。从此，民主集中制原则就成为各国无产阶级政党遵循的根本组织原则。

（二）民主集中制内涵中的要素

中国共产党第十八次全国代表大会通过的《中国共产党章程》明确规定："民主集中制是民主基础上的集中和集中指导下的民主相结合。"从这个科学内涵的阐述中我们可以看出，民主集中制包含两个过程和四个关键要素。这两个过程不能够脱节分开，必须紧密地联系在一起。一个是"民主基础上的集中"，另一个是"集中指导下的民主"。四个关键要素分别是

"民主"、"集中"、"指导"、"相结合"。

1. 民主和集中

民主集中制中的民主,就是党员和党组织的意愿、主张得到充分地表达,积极性、创造性得到充分地发挥;民主集中制中的集中,就是凝聚党员和党组织的意志和智慧,以达到行动上的一致。民主和集中是辩证统一的关系,二者有着密切的联系,缺一不可。我们贯彻的民主集中制,既不能离开民主只讲集中,也不能离开集中只讲民主,而要把这两者有机地统一起来。只有充分发扬民主,才能达到正确的集中,只有在高度民主的基础上实行集中,才能实现真正的民主。例如,在政治上,围绕共同的目标,让人们充分发表自己对这一问题的想法,对科学的、符合实际的意见,通过集中形成统一意志,作为共同的行动准则。再比如,从利益关系上说,民主集中制要求统筹兼顾,使个人利益与集体利益相统一。在维护个人合理利益的基础上,做到个人利益服从集体利益、局部利益服从整体利益、暂时利益服从长远利益。如果我们把民主与集中割裂开来,只讲集中不讲民主,就必然出现个人独断专行,官僚主义滋长,无法保证人民群众的利益;反之,如果只讲民主不讲集中,又会出现极端民主化和无政府状态。

2. 指导

民主集中制的第二个过程是"集中指导下的民主",也就是说把大家的意见集中起来,然后发挥"指导"民主的作用。在第一个过程"民主基础上的集中",既有"民主"又有"集中"这两个要素。在第二个过程"集中指导下的民主",也同时具有"集中"和"民主"这两个要素。要想使"集中"有效地发挥指导作用,就必须使两个过程中的"民主"和"集中"的涵义是一致的。如果"集中指导下的民主"中的"集中"和"民主"与"民主基础上的集中"中的"民主"和"集中"意思不一样,就不是我们国家实行的民主集中制。例如,如果把第二个过程中的"集中"说成是某个人"意志的集中",就会变成和专制制度相联系的"集中"。正确理解两个过程中的"民主"和"集中"非常重要,对于正确理解和把握我们国家的民主集中制有着十分重要的作用。

那么,在集中指导下的民主这个过程中,集中到底是怎样来指导着民主呢?集中指导下的民主,就是用民主基础上形成的集中来指导民主。

(1) 在民主基础上形成的重大决策"指导"民主。这是为了防止有的人公然在言论和行为上公开反对党和国家的路线、方针、政策、决定。当然，党和国家的路线、方针、政策、决定等形成之后，也不是永远不可以改变的，个别不赞成的人可以保留自己的意见，可以在下一次会议或适当的场合提出自己的想法，可以通过民主的方式进行更改。但是在没有对重大决策作出改变之前，任何人是不允许任意反对和抗拒实行大家已经赞成的路线、方针、政策、决定等的。

（2）在民主基础上形成的规章制度"指导"民主。这是为了防止有的人不服从、不遵守规章制度。规章制度形成之后也不是再也不可以改变的。同样，在没有作出新的改变之前，任何人也没有任何理由不去服从和遵守。

（3）在领导干部分工负责一些工作时，他们拥有集中的权力"指导"民主。这时，不允许任何人不服从这些领导干部的执行权。但是有一种情况除外，就是领导者个人滥用自己所拥有的执行权，来反对党和国家的路线、方针、政策、决定以及规章制度。这时，人们可以理所当然地去拒绝和控告某个领导者滥用权力的行为。

可见，"集中"之所以能够"指导"着"民主"，是因为"集中"是在广泛民主的基础上产生的"集中"，这种"集中"代表的是公众的意见，所以才有资格、有能力去"指导"

着"民主"。如果有人反对大多数人形成的意见，那就要用纪律去约束和处置这样的人和行为。

3. 相结合

民主集中制的两个过程"民主基础上的集中"和"集中指导下的民主"并不是孤立存在、相互分割的，两者之间存在密切的联系。因此必须实现两个过程的"相结合"，使其无穷地循环往复，不断地深化发展。实现两个过程完美地"相结合"，就要注意做到以下几点：

（1）不能随意颠倒民主集中制的过程和顺序。就是说不能把第一个过程变成第二个过程，或者是把第二个过程变成第一个过程。民主集中制是先从"民主基础上的集中"开始，然后才是"集中指导下的民主"，规定这个前后顺序是非常重要的，这说明民主集中制首先要做到"民主"，再从"民主"环节走向"集中"。因为有了"民主基础上的集中"，才有"集中指导下的民主"。而如果有人把"集中指导下的民主"放到前面去，使它成为第一个过程，那么，这个制度就将变成"集中民主制"，也就从根本上改变了制度的民主性和民主化。

（2）不能片面强调任何一个过程。我们不能轻视民主集中制的第一个过程，也不能片面地看重第二个过程；或者还会有更严重的做法，就是把第一个过程放弃不用，只讲第二个过程。在一些党组织和领导者那里，由于不能正确认识和把握民主集中制，就把第二个过程当成特别重要的方面，而忽视第一个过程。这样党组织和领导者只是凭着自己的主观想法作决定，民主集中制就变成了"没有民主"的环节，这是完全错误的行为。如果没有在民主的基础上去集中大家的意见，就不可能有"集中指导下的民主"，二者缺一不可。

（3）民主集中制的整个过程体现的都是民主。无论是"民主基础上的集中"还是"集中指导下的民主"，它们之间的"相结合"都体现了民主。民主集中制中的"民主"讲的是民主本身，而民主集中制中的"集中"讲的还是民主本身。"民主基础上的集中"是对多数人的认识和意见的"集中"；而"集中指导下的民主"的"集中"，也是用多数人的认识和意见去约束和规范少数人的不同意见和行为，不允许少数人任意去推翻多数人的认识和意见。可见，民主集中制的"集中"，说到底体现的是对大多数人的民主权利的尊重。因此，绝对不能把"集中"理解为是和民主相抵触的。总之，民主集中制的"民主"和"集中"都是发展民主的动力和推进器。

通过对民主集中制的两个过程和四个要素简单地讲解，我们可以更好地认识民主集中制。

（三）中国共产党坚持和贯彻民主集中制原则的历程

民主集中制原则从苏联传入中国以后，到现在已有90多年的发展历史。在这90多年中，党一直把民主集中制作为根本组织制度，并且根据党所处的时代环境和党的任务的变化不断完善其内容，不断追求其制度创新。中国共产党对民主集中制的认识，经历了曲折、复杂的过程，包括三个阶段：新民主主义时期、社会主义建设时期和改革开放时期。

1.1921年到1949年，是中国共产党领导的新民主主义革命时期。1921年，中国共产党刚刚成立，就把民主集中制作为党的组织原则和制度。陈独秀在提交给中国共产党第一次全国代表大会讨论的党纲中明确表示："共产党应该是民主集权制。"这里的"民主集权制"，指的就是民主集中制。1921年7月23日，党的一大在上海召开，大会通过了《中国共产党党纲》，党纲规定，"我们党承认苏维埃管理制度"，这里的"苏维埃形式"，实际上体现的就是民主集中制的组织形式。1922年7月16日，党的二大在上海召开，并通过了《中国共产党加入第三国际决议案》，并且宣布"加入共产国际的党，应该是按照民主集中制的原则建立起来的"，第一次在党的代表大会通过的文件上确认了民主集中制原则。三大、四大党章在组织原则、组织制度上基本沿用了二大党章。四大党章决定党的最高领导人由委员长改称总书记，并正式成立中央组织部。1927年4月，党的五大通过的《中国共产党第三次修正章程决议案》明确规定"党部的指导原则为民主集中制"。1928年，党的六大通过的党章中，专门规定了党的组织原则："中国共产党与共产国际的其他支部一样，其组织原则为民主集中制"，首次提出了民主集中制的三条根本内容：第一，下级党组织和上级党组织由党员代表大会及全国人民代表大会选举产生；第二，各级党组织对选举自己的党员应该定期作报告；第三，下级党组织一定要承认并且服从上级党组织的决议，严格遵守党的纪律。

在这一阶段，尽管我们党把民主集中制写进了党章，但由于党处在幼年阶段，对民主集中制的认识十分不充分，因此，在执行民主集中制的过程中，出现了各种各样的问题。此时毛泽东做出了重大的理论贡献，提出了"四个服从"：即"必须重申党的纪律：（一）个人服从组织；（二）少数服从多数；（三）下级服从上级；（四）全党服从中央。谁破坏了这些纪律，谁就破坏了党的统一。"这一重要纪律，不仅在实践上为指导中国革命取得胜利起了重要作用,而且在理论上丰富了党的民主集中制原则。

1945年,在党的七大通过的党章中,对民主集中制作了更明确的规定:"中国共产党是按民主的集中制组织起来的,是以自觉要履行的纪律联结起来的统一的战斗组织。"关于民主集中制的具体规定,七大党章在第二章"党的组织机构"中专门写了一条:"党的组织机构,是按民主集中制建设起来的。民主的集中制,即在民主基础上的集中和在集中领导下的民主。"并且同时提出四个基本条件:"(一)党的各级领导机关由选举制产生。(二)党的各级领导机关向选举自己的党组织作定期的工作报告。(三)党员个人服从所属党的组织,少数服从多数,下级组织服从上级组织,部分组织统一服从中央。(四)严格地遵守党纪和无条件地执行决议。"

毛泽东在党的七大政治报告《论联合政府》中指出:"新民主主义的政权组织,应该采取民主集中制,由各级人民代表大会决定大政方针,选举政府。它是民主的,又是集中的,就是说,在民主基础上的集中,在集中指导下的民主。只有这个制度,才既能表现广泛的民主,使各级人民代表大会有高度的权力;又能集中处理国事,使各级政府能集中地处理被各级人民代表大会所委托的一切事务,并保障人民的一切必要的民主活动。"这为新中国的成立作了理论上的准备。

2.从1949年新中国成立到1956年社会主义改造完成,是我国由新民主主义社会向社会主义社会过渡的时期,党的民主集中制也经历了一个从战争环境向和平环境转变的过程。中国共产党对民主集中制的认识,也进入了一个新的阶段。

新中国成立初期,中国共产党创立了新的国体和政体,并将民主集中制从党内延伸到国家机构,也就是说民主集中制原则成为我国国家机构的组织原则,体现在党领导国家政权的运转过程中。当时作为新中国根本大法的《共同纲领》,在起草的过程中也充分发扬了民主,广泛听取了各方面的意见,最终达到了在广泛民主基础上的集中。

1956年9月召开的中国共产党第八次全国代表大会,对民主集中制作了新的阐释。党的八大在党章总纲中规定,"中国共产党的组织原则是民主集中制。这就是在民主基础上的集中和在集中指导下的民主。党必须采取有效的办法发扬党内民主,鼓励一切党员、党的基层组织和地方组织的积极性和创造性,加强上下级之间的生动活泼的联系。"这个规定和党的七大党章有些地方是不同的:首先,八大党章中的民主集中制侧重于民主方面和民主制；其次，把七大党章中"集中领导下的民主"改为"集中指导下的民主"，从而把集中和民主之间由领导关系变为指导关系，这个论述一直沿用到现在。

党的八大对民主集中制作了科学的解释，把民主集中制原则分为民主原则和集中原则两种，全面解释了民主和集中的含义及相互关系，并且倡导要向着民主的方面和民主制转型，随后逐渐开展党内民主实践，这一切都显示了民主集中制正确的发展趋势。

1957年2月，毛泽东发表了《关于正确处理人民内部矛盾的问题》的重要讲话，他从哲学的高度阐述了民主和集中的辩证统一关系，指出："在人民内部，不可以没有自由，也不可以没有纪律；不可以没有民主，也不可以没有集中。这种民主和集中的统一，自由和纪律的统一，就是我们的民主集中制。"1957年7月，毛泽东又提出民主集中制所要达到的目标，指出"我们的目标，是想造成一个又有集中又有民主，又有纪律又有自由，又有统一意志、又有个人心情舒畅、生动活泼，那样一种政治局面。"1962年，在"七千人大会"上，毛泽东再次重申了这一思想。同时，党中央为更好地贯彻民主集中制，在实践上还采取了一系列具体措施，并强调要继续按照民主集中制原则健全党的生活。这对党坚持和健全民主集中制起了一定的积极作用，也对全党进一步总结经验教训、统一思想和行动，起了重要的保证作用。然而，当时党内也开始出现权力过于集中、个人崇拜、个人专断、一言堂作风等不良倾向。由于组织上民主集中制遭到削弱和破坏，以及政治上"左"倾错误不断发展，导致了1958年"大跃进"运动和1959年反右倾的严重失误，给党的事业带来了极大损害。而""文化大革命""十年，更使党和国家的各项事业遭受严重破坏。与此同时，党的民主集中制也遭受了空前的破坏，党的集体领导遭到严重削弱，党和国家的民主生活被破坏殆尽，整个社会陷入动荡和混乱之中。1969年召开的党的九大和1973年召开的党的十大，因为受到""文化大革命""的干扰破坏，党内生活极不正常，所以九大、十大党章在总纲中没有涉及到民主集中制的太多内容。

新中国成立后，从建设社会主义时期到""文化大革命""的结束，邓小平在总结中国共产党实行民主集中制的经验教训时曾经透彻地说："民主集中制执行得不好，党是可以变质的，国家也是可以变质的，社会主义也是可以变质的。干部可以变质，个人也可以变质。"总之，如果不能正确坚持民主集中制，中国社会的发展就会走弯路。

3.1978年12月召开的党的十一届三中全会，标志着中国进入了改革开放的新时期。

党的十一届三中全会以来，以邓小平为核心的党的第二代中央领导集体系统总结了过去民主集中制建设的经验教训，从新时期的实际出发，在理论上进一步深化了对民主集中制的认识，在实践上恢复和加强了民主集中制建设工作，开创了坚持、健全民主集中制的新局面。

十一届三中全会决定要"健全党的民主集中制，健全党规党法，严肃党纪"，并且指出"当前这个时期特别需要强调民主"。1982年召开中国共产党第十二次全国代表大会，这次大会是在进入改革开放新时期不久后召开的第一次党的全国代表大会。十二大党章把民主集中制表述为："在高度民主的基础上实行高度的集中"。这一概括是对"集中领导下的民主"认识的新发展。在1982年颁布的《中华人民共和国宪法》中，规定了"中华人民共和国的国家机构实行民主集中制的原则"。

1987年党的十三大通过的《中国共产党章程部分修正案》没有对民主集中制进行修改。1992年党的十四大党章中第一次在总纲中把民主集中制作为党的建设必须坚决实现的四项基本要求之一，和党的基本路线、党的思想路线、党的宗旨并列一起。民主集中制也被进一步表述为："民主基础上的集中和集中指导下的民主相结合。"在党章的第二章中专门列了六条基本原则来全面阐述民主集中制，这六条基本原则使民主的内容和集中的要求都能够体现，并且将中心移到民主和民主制方面，是对八大党章规定的民主集中制六条要求的丰富发展。

随着民主集中制的发展和中国共产党对民主集中制的重视，2002年党的十六大进一步提出了"党内民主是党的生命"。2007年党的十七大更加明确地提出了要"尊重党员主体地位，保障党员民主权利，推进党务公开，营造党内民主讨论环境"。2012年胡锦涛在十八大报告中强调："要坚持民主集中制，健全党内民主制度体系，以党内民主带动人民民主。"

总之，在探索和完善民主集中制这一党的根本组织制度和领导制度的过程中，中国共产党保持和发扬了实事求是、与时俱进的理论品格，善于根据党所处的时代环境和党的任务的变化，不断探索适应时代变革要求和党的任务变化要求的民主集中制，使这一根本组织原则不断完善和成熟，丰富了马克思主义民主集中制理论。

第二章　马克思主义经典作家关于民主集中制的阐述

无产阶级政党的建立，是人类历史上具有划时代意义的大事。无产阶级政党作为工人阶级的先锋队，和其他一切政党有着本质的区别，因此，其组织原则也应该更具有先进性。马克思、恩格斯最初的探索，虽然没有明确提出"民主集中制"这一概念，但勾勒出了民主集中制的基本框架，为以后无产阶级政党的组织建设开辟了一条崭新的道路。

列宁继承和发展了马克思和恩格斯的民主集中制思想，是提出"民主集中制"概念的第一人。十月革命胜利后，在建设党与建立共产国际的过程中，列宁的民主集中制理论最终形成。俄国无产阶级成为执政党后，列宁运用这一理论指导了工人阶级执政党的建设，并且将这一理论运用到国家政权建设和经济建设领域，取得了卓有成效的成果。

中国共产党成立之初，就作为共产国际的一个支部，开始实行列宁为共产国际制定的加入条件——民主集中制，至今已有九十多年。回顾中国共产党九十多年的历史，历届党的代表大会在民主集中制问题上虽然有不同阐述，但共同之处是把马克思主义建党原则同中国建党的具体实际相结合，实事求是地把民主集中制原则运用到党的全部生活中，形成中国共产党人的优良传统。中国共产党不论是在执政前还是执政后，始终把民主集中制作为党的根本组织原则，并坚持从不同的历史条件出发，正确运用民主集中制原则。

中国共产党已经走过革命、建设和改革的九十多年的光辉历程。实践也已经充分证明，民主集中制是我们党的根本组织制度和领导制度，坚持民主集中制有利于维护和巩固党的团结统一；有利于增强党的凝聚力和战斗力。坚持民主集中制，充分发挥领导干部和广大人民群众的积极性、主动性和创造性，保证党的路线、方针、政策的顺利贯彻实施。中国共产党发展的历史让我们深知，什么时候坚持民主集中制，正确处理好了民主与集中的关系，党的事业就会兴旺发达；什么时候违反了这个原则，人心就会涣散，战斗力就会削弱，党的事业就会遭受挫折甚至导致失败。中国共产党之所以能始终保持在政治上、思想上和行动上的一致，领导我国社会主义革命和建设不断取得胜利，一条基本经验就是在组织和领导制度上坚持了民主集中制的原则。

第一节 马克思和恩格斯的民主集中制思想

一、马克思和恩格斯的生平简介

卡尔·马克思（1818-1883），德国伟大的政治家、哲学家、经济学家、革命理论家，全世界无产阶级的伟大导师、科学社会主义的创始人。支持他的理论的人被视为马克思主义者。马克思的一生著述颇丰，主要著作有《共产党宣言》、《资本论》等。马克思的一生是伟大的一生。他和恩格斯共同创立的科学社会主义（马克思主义），是指引全世界劳动人民为实现社会主义和共产主义伟大理想而进行奋斗的理论武器和行动指南。

马克思对哲学的最大贡献是把实践概念引入哲学，并将哲学彻底运用于社会历史领域，产生了唯物史观。在唯物史观的指导下，马克思深刻地分析了资本主义社会，指出资本主义最终会被共产主义取代。

弗里德里希·恩格斯（1820-1895），德国思想家、哲学家、革命家，马克思主义的创始人之一，国际共产主义运动的伟大导师和领袖。恩格斯是卡尔·马克思的挚友，被称为"第二提琴手"，他为马克思从事学术研究提供了大量的经济支持，和马克思共同撰写了《共产党宣言》，共同创立了科学共产主义理论。在马克思逝世以后，恩格斯将马克思的大量手稿、遗著整理出版，还肩负领导国际工人运动的重担。除了和马克思合撰著作外，他还著有《自然辩证法》、《家庭、私有制、国家的起源》等。

二、马克思和恩格斯关于民主制的思想

马克思和恩格斯是无产阶级政党的创始人，他们在论证无产阶级的历史使命时，得出了一个科学的结论：无产阶级要获得自身的解放，进而获得全人类的解放，就必须建立自己独立的政党。

那么，按照什么原则来组建无产阶级政党？马克思和恩格斯在创建无产阶级政党的过程中，采取的是民主和集中相结合的原则。当时，他们并没有提出民主集中制这个概念，但是这一思想却贯穿在他们起草的文件和创建的组织中。

马克思和恩格斯民主制的思想体现在《共产主义者同盟章程》中。

（一）"同盟的各级领导机关由民主选举产生"

即选举人通过民主选举的方式，产生党的各级组织，并且"选举者可以随时撤换之"。这一点强调了盟员的选举权和罢免权。共产主义者同盟的组织机构有支部、区部、总区部、中央委员会和代表大会。《共产主义者同盟章程》中的第七条规定：每个支部选举主席和副主席各一人，区部委员会和中央委员会的委员任期是一年，可以连选连任，选举者可以随时撤换选举出来的人员。

（二）共产主义者同盟内部的盟员一律平等

《共产主义者同盟章程》中第三条规定："所有盟员都一律平等，他们都是兄弟，因而有义务在一切场合下互相帮助"。

（三）"代表大会是全盟的立法机关"

代表大会是全盟的最高权力机关，有权决定盟内的重大问题，如修改章程、发指示信、代表全党发表宣言；中央委员会是同盟的权力执行机关，要定期召开代表大会，向大会报告工作。

恩格斯在总结共产主义者同盟的历史经验时指出:"组织本身是完全民主的,它的各委员会由选举产生并随时可以罢免,仅这一点就已堵塞了任何要求独裁的密谋狂的道路。"

1864年,国际工人协会(第一国际)成立,马克思在制定第一国际的纲领和章程中贯彻了共产主义者同盟的民主制思想。章程规定:国际工人协会的每一个会员都有选举权与被选举权;每个代表在代表大会上只有一票表决权;国际工人协会的会员代表大会是最高领导机关;代表大会宣布工人阶级共同的愿望,规定下次代表大会召开的时间与地点。

恩格斯十分重视代表大会,他在写给奥·倍倍尔的信中说:"我完全同意你的意见,应当坚持每年召开一次党代表大会。即使为了遵守党章,你们执行委员会也必须这样做;否则,你们就会为那些喜欢叫喊的人提供极好的口实。而且,让全党哪怕一年有一次发表自己意见的机会,一般说来也是重要的。"

二、马克思和恩格斯关于集中制的思想

马克思和恩格斯为共产主义者同盟所制定的《共产主义者同盟章程》中,反对绝对集中制,主张党内民主,但也十分重

视党的纪律，体现了集中制的思想。

《共产主义者同盟章程》对盟员规定了严格的纪律：盟员的生活方式和活动方式必须符合同盟的目的；盟员要服从同盟的一切决议；盟员要保守同盟的一切机密等。

在第一国际时期，马克思亲自起草的《国际工人协会成立宣言》、《国际工人协会共同章程》和《国际工人协会临时章程》中也体现了集中制的思想，因为国际工人协会是跨国的组织，不集中就无法体现它的整体性。但总体来说对民主集中制的规定还是比较少的。

马克思和恩格斯在和无政府主义的斗争中重点阐述了纪律、集中的重要性。巴枯宁打着"自治论"的旗号主张绝对地"自由"和"平等"，反对一切权力和权威。恩格斯批判地指出："没有一个做最后决定的意志，没有统一的领导，人们究竟怎样开动工厂，管理铁路，驾驶轮船，这一点他们当然没有告诉我们。" 1872年恩格斯写了《论权威》一文，论证了权威的实质、作用和其重要意义。马克思、恩格斯总结了巴黎公社的经验，热情地歌颂了人民武装这个革命权威，同时指出巴黎公社失败的历史教训："巴黎公社遭到灭亡，就是由于缺乏集中和权威。"

马克思和恩格斯是当之无愧的民主集中制原则的创始人和奠基者。

第二节 列宁的民主集中制思想

一、列宁的生平简介

列宁（1870-1924），马克思和恩格斯事业和学说的继承者，全世界无产阶级和劳动人民的伟大导师和领袖，世界上第一个社会主义国家的缔造者。

1870年4月22日，列宁出生在俄国伏尔加河畔的辛比尔斯克。1887年秋，列宁进入喀山大学法律系学习，不久，他因为参加学生运动被学校开除，遭到逮捕和流放。第二年回到喀山后，他开始研究马克思的《资本论》。1892年，他又开始筹建马克思主义小组，并将《共产党宣言》翻译成俄文，还写下了第一本著作《农民生活中新的经济变动》。这时的列宁已经开始从一个革命民主主义者转变为一个共产主义者了。

1895年，列宁在彼得堡建立"工人阶级解放斗争协会"。这个斗争协会的成立标志着科学社会主义的理论与俄国工人运动开始结合。同年年底,他再次被捕入狱,后来又被流放到西伯利亚。流放结束后,列宁回到彼得堡不久又去了西欧,在德国创办了第一张俄国社会民主工党的机关报《火星报》,从思想上和组织上为建党作了准备。1903年7月,俄国社会民主工党在布鲁塞尔召开代表大会,在这次代表大会上形成了以列宁为核心的布尔什维克(布尔什维克的意思是多数派)。布尔什维克以及它的思想体系的产生,标志着列宁主义的形成。

第一次世界大战爆发后,1915年8月,列宁写了《论欧洲联邦口号》一文,科学地提出了"社会主义可能首先在少数或者甚至在单独一个资本主义国家内获得胜利"的重要思想,也就是说,社会主义可能会在一个国家或者多个国家首先取得胜利。1917年3月(俄历2月),俄国爆发了第二次资产阶级民主革命——二月革命。二月革命推翻了统治俄国长达300多年的罗曼诺夫王朝,结束了沙皇专制制度的反动统治。二月革命的胜利为俄国无产阶级争取社会主义的斗争创造了有利条件。

听到沙皇垮台的消息以后,1917年4月列宁回到彼得格勒,发表了《四月提纲》,提出从资产阶级民主革命过渡到社会主义革命的方针和"一切政权归苏维埃"的口号。10月20

日，列宁秘密回到彼得格勒，准备发动武装起义。1917年11月7日（俄历10月25日），列宁领导彼得格勒十月武装起义（史称"十月革命"）取得胜利。这一伟大胜利开辟了人类历史发展的新纪元。革命胜利后，列宁在全俄第二次苏维埃代表大会上宣布了《和平法令》和《土地法令》，并当选为苏维埃俄国人民委员会主席。

十月革命胜利后，俄国进入了新的历史时期，社会主义第一次从理论形态变为现实。但是，资本主义国家和反动派是不允许社会主义存在的，1918年7月，俄国进入国内战争和反对外国武装干涉的时期。经过艰苦的斗争，列宁领导全党和全国人民胜利地击退14个资本主义国家的武装干涉和国内反动阶级的叛乱，巩固了苏维埃政权。1921年，列宁提出以新经济政策代替战时共产主义政策，把党和国家的工作重心转向经济建设，并制定了既适合俄国国情又符合经济规律的新经济政策，使俄国的经济建设逐步走上了正轨。

列宁在晚年患了脑溢血症，但他在病中仍然口授了《论合作制》等文章和信件。列宁的全部著述达55卷，所以有人说他是一位多产的作家。1923年，列宁病情开始恶化，第二年不幸与世长辞。

二、列宁的民主集中制思想

在俄国无产阶级政党建立初期的过程中，列宁逐渐产生了关于民主集中制的基本理论，并最终在十月革命胜利后建设党和建设共产国际的过程中形成。列宁用这一理论指导了工人阶级执政党的建设，并且将这一理论运用于国家政权建设和经济建设领域。

（一）列宁的民主集中制思想形成过程

19世纪末20世纪初，俄国正处在沙皇专制制度的黑暗统治下，广大人民处在水深火热之中。这时，俄国工人阶级的主要任务就是推翻沙皇专制制度的黑暗统治，建立无产阶级专政。这就需要有一个马克思主义的政党来领导工人阶级完成使命。列宁明确指出要建立一个坚固的有组织的党，他说："给我们一个革命家的组织，我们就能把俄国翻转过来。"这就需要有一个科学的、先进的组织原则。

列宁最终形成民主集中制这个科学的概念，期间经历了一个过程。

1895年，列宁建立了"彼得堡工人阶级斗争协会"，这个协会是在列宁的集中制思想指导下建立和发展起来的。1898

年，俄国社会民主工党在第一次代表大会上宣告党成立，这个政党也是在集中制原则的思想下成立的。

集中制作为建党的组织原则，是列宁在1899年下半年为《工人报》写的文章《我们的当前任务》中最初提出来的。1902年，列宁在《怎么办》一文中，提出党应该采取自上而下的严格的集中制。当时，孟什维克反对列宁的"集中制"思想，主张党组织实行"广泛的民主制"。但是列宁也说了："在黑暗的专制制度下，在宪警到处进行追捕的情形下，党组织的广泛的民主制，只是一种毫无意思而且有害的儿戏。"也就是说，当时处于非法地位和秘密状态的党，不可能实行全面选举和进行有效地监督。因此，党组织必须实行集中制原则和保密工作，要有严格的纪律才能保证党的生存。在这里，列宁说的不能在党组织中实行"广泛的民主制"也不是绝对不实行民主制。1903年，在俄国社会民主工党第二次代表大会上，以列宁为首的马克思主义者同马尔托夫等机会主义者围绕党纲、党章的问题展开激烈地斗争。在选举中央领导机关成员时，以列宁为首的马克思主义者获得多数，得名布尔什维克。布尔什维克的俄语意思是多数派，布尔什维克党是俄国社会民主工党中的革命派。俄国的无产阶级政党即布尔什维克党是按照集中制原则建立的。1904年，列宁在《进一步，退两步》的著作中进一步强调"自上而下集中制"思想，集中制的思想"是唯一的原则性思想，应该贯穿在整个党章中"，要建立严格集中制的党组织，并说："整个党组织和党的活动的一个极其重要的原则：在思想上和实践上领导运动和无产阶级革命斗争，需要尽可能地集中。"

列宁所强调的集中制也是在民主基础上的集中制。列宁说："只有社会民主工党才不顾各种巨大的困难，甚至不顾重大的牺牲，真正在组织中实行民主制。"他还说："俄国社会民主工党是根据民主原则组织起来的。这就是说，党内的一切事务由一律平等的全体党员直接或者通过代表来处理；并且，党的所有负责人员、所有领导人员、所有机构都是选举出来的，是必须向党员作工作报告的，是可以撤换的。"从列宁的一些论述中，以及布尔什维克党的实践过程中可以看出，列宁领导的政党在坚持民主集中制的过程中，充分发扬了党内民主。

党的民主制主要表现在以下几个方面：首先，党的代表大会是党的最高权力机关，在党的代表大会闭会期间，选举出来的中央委员会是它的执行机关；其次，党的各级领导人都是由选举产生出来的，也是可以撤换的；第三，党内有讨论和争论问题的自由。

经过实践，集中制与民主制这两个概念逐渐发展成为一个统一的概念，即民主集中制。1905年12月，在列宁的领导下，俄国社会民主工党召开党的第一次代表会议，以列宁的《论党的改组》为基础，通过了"党的改组"的决议，指出："党内民主集中制的原则是不容争论的。"1906年3月，在《提交俄国社会民主工党统一代表大会策略纲领》中提出："党内民主集中制原则是现在一致公认的原则。"1906年4月，俄国社会民主工党第四次（统一）代表大会首次把民主集中制写入党章，明确规定"党的一切组织是按民主集中制原则建立起来的"。这说明，列宁作为党的领导者，在关于党的建设的思想上，实现了"民主"思想与"集中"思想的初步结合。

（二）民主集中制思想的发展

十月革命胜利后，布尔什维克党成为俄国的执政党。在党的建设过程中，进入了实行党内民主、建立民主集中制原则的新时期。

1918年3月，列宁在《民主集中制与无政府主义是根本对立的》这篇文章中鲜明地指出："我们主张民主集中制"，

"真正民主意义上的集中制的前提是历史上第一次造成的这样一种可能性，就是不仅使地方的特点，而且使地方的首创性、主动精神和各种各样达到总目标的道路、方式和方法，都能充分顺利地发展"，也就是说，真正的民主集中制可以充分发挥地方的主动性和创造性，保证行动一致，保证各项事务的顺利发展。"民主组织原则意味着使每一个群众代表、每一个公民都能参加国家法律的讨论，都能选举自己的代表和执行国家的法律"，群众有权为自己选择负责的领导者，了解和检查他们活动的每一个步骤，并且有权撤换他们。在这里，列宁从国家政治生活的角度，从通过民主讨论、民主投票、民主选举、民主监督的途径达到统一意志、统一行动的角度，阐述了民主集中制的基本含义。

在列宁的倡导下，1919年3月建立了共产国际。1920年7月，列宁又亲自起草了《加入共产国际的条件》，指出："加入共产国际的党，应该是按照民主集中制的原则建立起来的"，同时，列宁领导制定的《共产国际章程》也规定，民主集中制原则的内容是："党的各级领导机关，无论是基层机关还是最高机关，都由选举产生；党的机关定期向自己的选举人报告工作；上级机关的决议，下级必须服从，保持严格的党的纪律；党内如有意见分歧而需讨论时，只有在党的有关机关作出决议之前进行，一经决定，下级必须无条件地贯彻执行，即使在一部分党员或地方党组织不同意决议的情况下，也应当如此。"1921年6月，共产国际三大通过的《共产党的组织建设、工作方法和工作内容》的纲领中，对民主集中制作了进一步的解释："共产党组织的民主集中制必须是把集中制和无产阶级民主真正地融为一体"，"共产党内的集中并不意味着形式的机械的集中，而是意味着共产主义活动的集中，即组成有强大战斗力，同时又是机智灵活的领导。"这些论述，都集中地体现了列宁民主集中制的思想，说明列宁民主集中制的理论已经最终形成。

总之，通过以上论述可以总结出，列宁关于民主集中制理论的主要内容有：少数服从多数，个人服从集体；下级服从上级，全党服从中央；重大问题由集体进行充分讨论；讨论自由，允许党内不同意见的发表；保持严格的党的纪律，党的机关一经作出决议，必须无条件执行。

（三）民主集中制在执政党建设、政权建设和经济建设中的运用

列宁在执政党建设的过程中，坚持和贯彻了民主集中制这一理论和原则，而且将这一原则扩展运用到政权建设和经济建设中。

1. 列宁根据民主集中制的理论与原则，要求苏俄共产党（布尔什维克）做到以下几点：

首先，实行集体领导。在列宁看来，集体领导就是指党的领导的主体是集体，不是个人；凡是重大问题，都应该经过集体讨论作出决定，禁止个人独断专行；党员大会、党代表会议、党代表大会和党的委员会的成员，平等地、共同地决定重要问题。他认为，集体领导是无产阶级政党领导的最高原则，是民主集中制的内容之一，是民主集中制原则在党的领导和领导机关中的重要体现。

其次，反对个人专断、个人崇拜。列宁认为，在中央委员会中，书记与委员的关系，不是家长和家庭成员的关系；书记在日常工作中担负主要责任，书记的意见应该受到各个委员的尊重；但在讨论问题、通过决议时，书记和委员是平等的；当书记的意见遭到否决后，书记一定要接受和服从多数委员的意见。列宁是这样提出问题，也是这样实践的。列宁反对个人崇拜。他说："工人领袖不是天使，不是圣人，不是英雄，而是普通的人。他们犯了错误，党就去纠正这些错误。"但是，列宁也并不否定党的领袖在无产阶级解放事业中起到的重大作用。他说:"历史上任何一个阶级,如果不推举出自己善于组织和领导运动的政治领袖和先进代表,就不可能取得统治地位。"因此,列宁主张集体领导同个人分工负责制相结合。

2.列宁把民主集中制的理论运用到国家政权的建设上,主张建立多民族的统一的苏维埃共和国联盟。

十月革命以前,列宁一直坚决主张建立统一的集中制的共和国。当时的俄国是一个以大俄罗斯民族为中心的多民族国家。十月革命胜利后,这些民族对苏维埃政权有抵抗的情绪。因此,列宁主张在民主集中制的原则下建立一个多民族的统一国家。他说:"我们社会民主党人反对各种民族主义,主张民主集中制","胜利的社会主义必须实现充分的民主制,因而不仅要实行各民族的完全平等,并且要实现被压迫民族的自决权,即自由的政治分立权。"这里的思想体现的就是民主集中制的思想。主张建立统一国家,强调的是民主集中制的"集中"方面,主张各民族拥有自治权,强调的是民主集中制的"民主"方面。正是在这种思想的指导下,列宁领导无产阶级政党经过几年的努力,最终使各民族由分散走向联合,在民主集中制原则的指导下,建立起一个多民族的统一的苏维埃共和国联盟。列宁把民主集中制运用到国家政权建设，是对马克思主义国家政权建设思想的重大发展。

3. 列宁也把民主集中制原则积极运用到经济建设领域。

1918年夏，国外帝国主义者对俄国进行武装干涉，同时俄国国内反革命势力也发动国内战争，俄国处于危急的形势中。在这种紧张的局势下，俄国决定实行战时共产主义政策，在工业、农业、商业、财政金融、管理体制等各个方面实行一些战时措施，这就是民主集中制思想在经济领域的具体运用。例如，在管理体制上，建立工农国防委员会，统一调配全国人力、物力和财力，组织生产和供应。显然，这些措施是民主集中制的"集中"在战争时期的经济生活中的运用。在这种特殊的环境中实施战时共产主义政策，使得苏维埃国家能够最大限度地动员全国的物力、财力，按战争的需要进行分配和有效地使用，为取得战争的最后胜利创造了必要的物质条件，从而保卫了革命成果，保住了苏维埃政权。1920年底，战争结束后，列宁根据国情又及时地提出了党的中心任务从战争过渡到经济建设上面，并及时地废止战时共产主义政策，采取新经济政策。新经济政策也是民主集中制在经济生活中的运用。例如，在工业领导体制上实行"一长制"，列宁认为，一长制是在民主基础上的集中,并不是否认工人群众在企业中的主人翁地位。1921年3月,在俄国共产党(布尔什维克党)第十次代表大会上,列宁提出了一个十分重要的观点:"在理论上,不一定要认为国家垄断制从社会主义观点看来是最好的方法",也就是说在社会主义国家,国家垄断不一定是最好的方法。这在认识上是一个重大的突破。在《〈论粮食税〉一书纲要》中,列宁进一步指出社会主义经济体制应当是"上面实行集中,下面实行农民的自由贸易",苏维埃政权不仅要改变自己的农业政策,而且要"转上另一条轨道",实行"集中调节(计划),分散管理"。在俄国共产党(布尔什维克党)第十一次代表大会的政治报告中,列宁同样强调了民主集中制在经济领域的重要作用,并指出:"必须扩大和发挥区域经济会议的自主权和职能",这样,列宁就将民主集中制的原则推广到了整个国民经济的建设与管理的领域。

列宁关于民主集中制的理论和实践是世界社会主义运动的宝贵经验。以列宁为首的俄国共产党,正是依靠民主集中制,集中群众的经验和智慧,依靠集体领导和个人分工相结合的制度,调动了全党和全国人民的积极性、主动性和创造性,在帝国主义的包围下,在没有前人的经验可以借鉴的情况下,在贫困落后的俄国取得了革命的最后胜利,并建设社会主义国家,为世界无产阶级树立了第一面旗帜!

第三节　毛泽东的民主集中制思想

一、毛泽东的生平简介

毛泽东(1893-1976),字润之,伟大的马克思主义者,无产阶级革命家、战略家和理论家,中国共产党、中国人民解放军和中华人民共和国的主要缔造者和领导人。

1893年12月26日,毛泽东出生在湖南湘潭一个农民家庭。

1914年-1918年,毛泽东在湖南第一师范学校读书,临近毕业的时候和蔡和森等人组织了一个革命团体——新民学会。五四运动前后开始接触并且逐渐接受马克思主义,1920年,在湖南创建共产主义组织。1921年7月,毛泽东参加中国共产党第一次全国代表大会。

1925年冬至1927年春,毛泽东先后发表《中国社会各阶级的分析》、《湖南农民运动考察报告》等著作,指出农民问题在中国革命中的重要地位和无产阶级领导农民斗争的重要性。

1927年7月，由于蒋介石和汪精卫发动了"四一二"、"七一五"反革命政变，导致第一次国共合作破裂。8月，在中共中央紧急会议上，毛泽东提出"政权是由枪杆子中取得的"。随后，毛泽东在湖南、江西边界领导秋收起义，接着率领起义部队上了井冈山，发动土地革命，创建第一个农村革命根据地。

1928年4月28日，毛泽东率领的秋收起义部队和朱德、陈毅领导的部分南昌起义部队在井冈山胜利会师。毛泽东在井冈山写了三篇文章：《中国的红色政权为什么能够存在》、《星星之火，可以燎原》、《井冈山的斗争》，从中国的实际出发，提出在国民党政权统治比较薄弱的农村地区发展武装斗争，开创了以农村包围城市、武装夺取政权的道路。

1931年11月，中华苏维埃共和国临时中央政府在江西瑞金成立，毛泽东当选为主席。

1935年1月，中共中央政治局在贵州召开扩大会议（也就是"遵义会议"），确立了毛泽东在党和红军中的领导地位。12月，毛泽东作了《论反对日本帝国主义的策略》的报告，阐明了抗日民族统一战线政策。

抗日战争开始后，以毛泽东为首的中共中央坚持独立自主原则，努力发动群众，开展敌后游击战争，建立了许多抗日根据地。在抗日战争时期，毛泽东发表《论持久战》、《〈共产党人〉发刊词》、《新民主主义论》等重要著作。

1945年，毛泽东主持召开中国共产党第七次全国代表大会，在大会上毛泽东作了《论联合政府》的报告。同时，毛泽东思想也在这次大会上被确定为中国共产党的指导思想并写入党章。

抗日战争胜利后，1946年夏，蒋介石发动全面内战，毛泽东同朱德、周恩来领导中国人民解放军进行积极防御。1948年秋，在以毛泽东为首的党中央的正确领导下，经过辽沈、淮海、平津三大战役和1949年4月的渡江战役后，推翻了国民党政府。1949年3月，毛泽东主持召开中共七届二中全会，并作了重要报告，决定把党的工作重心从农村转移到城市。6月30日，毛泽东发表《论人民民主专政》，规定了人民共和国政权的性质及其对内对外的基本政策。

1949年10月1日，中华人民共和国成立，结束了鸦片战争以来的半殖民地半封建社会，中国人民翻身做了主人。毛泽东当选为中央人民政府主席。

1954年，第一届全国人民代表大会第一次会议通过了由毛泽东主持起草的《中华人民共和国宪法》，他在这次会议上当选为中华人民共和国第一任主席。

从此，毛泽东带领中国人民开始探索适合中国国情的社会主义道路。在这条道路上虽然有过失误，经历过挫折，但就毛泽东的一生来看，他有着不可磨灭的巨大功绩，他永远受到中国人民的尊敬。

二、毛泽东的民主集中制思想

毛泽东作为中国共产党第一代领导集体核心，在创立和建设新中国的过程中，把民主集中制的原则运用到中国共产党的建设中，把党建设成为中国事业的坚强的领导核心，带领人民群众取得了新民主主义革命、社会主义革命和社会主义建设事业的伟大胜利。毛泽东阐述的民主集中制思想，丰富和发展了马克思主义的建党学说。简单地说，毛泽东的民主集中制思想主要表现在以下几个方面：

（一）民主和集中的统一关系

马克思、恩格斯和列宁在领导工人阶级的运动中渗透着民主集中制原则，但对民主与集中二者关系的论述并不是很多。毛泽东在领导建党的长期实践中，准确客观地探讨了民主与集中的关系。早在1929年，毛泽东在起草的《古田会议决议》中就提出了"在组织上，厉行集中指导下的民主生活"的原则，明确把民主和集中有机地统一起来。抗日战争初期，毛泽东在《和英国记者贝特兰的谈话》这篇文章中指出，民主集中制"是民主的，又是集中的，将民主和集中两个似乎相冲突的东西，在一定形式上统一起来"。1945年4月，在抗日战争胜利前夕，中国共产党第七次全国代表大会在延安召开，毛泽东在会议上作了《论联合政府》的报告，明确将民主集中制原则概括为："它是民主的，又是集中的，就是说，在民主基础上的集中，在集中指导下的民主。"建国以后，毛泽东对这个问题作了更加透彻的论述，在《关于正确处理人民内部矛盾的问题》一文中，毛泽东从哲学高度讲："民主是对集中而言，自由是对纪律而言。这些都是一个统一体的两个矛盾着的侧面，它们是矛盾的，又是统一的，我们不应当片面地强调某一个侧面而否定另一个侧面，在人民内部，不可以没有自由，也不可以没有纪律；不可以没有民主，也不可以没有集中。这种民主和集中的统一，自由和纪律的统一，就是我们的民主集中制。"1962年毛泽东的《在扩大的中央工作会议上的讲话》中的中心议题就是民主集中制,他指出:"我们的集中制,是建立在民主基础上的集中制。""没有民主,意见不是从群众中来,就不可能制定出好的路线、方针、政策和办法。""没有民主,不可能有正确的集中,因为大家意见分歧,没有统一的认识,集中制就建立不起来。"同时,又指出在民主基础上必须实行正确的集中。"在集中正确意见的基础上,做到统一认识,统一政策,统一计划,统一指挥,统一行动,叫作集中统一。"

这些论述充分说明,毛泽东无论强调民主还是强调集中,从来都是把二者结合起来,正确对待民主和集中的关系。

(二)实行集体领导原则

集体领导原则是党的领导的最高原则之一,也是党的民主集中制原则中不可分割的重要组成部分。集体领导原则可以防止个人或少数人专断,克服官僚主义(官僚主义是指脱离实际、脱离群众、做官当老爷的领导作风)。早在井冈山时期,毛泽东就在工农红军内部建立起党委会(全称是党的委员会,在我国,是指中国共产党的各级委员会,特指中国共产党的地方各级委员会和基层委员会)的集体领导制度。后来,由于王明"左"倾错误的干扰和影响,党委会的集体领导制中断。

1948年9月1日，毛泽东为中共中央起草了《关于健全党委制》的决定，在这篇文章中，毛泽东主要阐述了党委会的集体领导原则，提出集体领导的主要内容。1949年3月在党的七届二中全会上，1962年的七千人大会上，毛泽东对集体领导原则又作了进一步的论述：

1.摆正书记和委员两者的关系。在书记和委员的关系问题上，如果处理不好，容易形成领导与被领导的关系。在一些家长制（指权力集中于最高领导者手中）严重的部门，书记成了家长，成了一家之主，委员没有发表意见、参与重大问题决定的权力。因此，在党委会内部必须摆正书记和委员的关系，毛泽东对此这样解释："党的委员会有一二十个人，像军队的一个班，书记好比是'班长'。""书记和委员之间的关系是少数服从多数，这同班长和战士之间的关系是不一样的。这里不过是一个比方。"也就是说，在党的委员会内部，书记也是党委会中平等的一员，书记和委员不是上下级关系，书记绝不能高高在上，一个人说了算。毛泽东批评有些领导机关的"党委委员等于虚设"，"党委委员间所保持的只是形式上的一致，而不是实际上的一致"。这种状况影响了党的领导机关有效地发挥作用。

2. 正确处理好集体领导与个人负责的关系。毛泽东指出："集体领导和个人负责，二者不可偏废。"集体领导与个人负责相结合，是中国共产党领导制度的一项重要原则，也是党长期实行的并且能够取得良好效果的工作制度。坚持集体领导，并不是说要否定个人的作用。重大问题应该交给集体讨论作出决定，但日常的小事可以交给分管的委员负责处理。同时，要明确规定每个委员对一些事情所担负的责任，要求每个委员在自己分工负责的工作中，除了重大问题必须提交给党委集体讨论外，对于具体问题要积极大胆地负责处理，并将结果及时向党委会汇报。只有集体领导同个人负责有机结合，互相协调，才能保证各项事务的顺利进行。个人负责并不是个人专断，1962年在七千人大会上，毛泽东尖锐地批评了某些搞个人专断的领导者，号召中央和各级党委必须坚持集体领导的原则。可见，毛泽东在中国革命和建设的各个时期，是非常重视集体领导和个人分工负责的。毛泽东关于党委会集体领导的思想，对革命事业的发展具有重要意义。

（三）共产党应该接受监督

中国共产党与一切剥削阶级的政党有着根本的不同，中国共产党是全心全意为人民服务的政党。根据党的这一宗旨，一切不良作风和贪污腐化现象在党内都是坚决不允许的。因此，必须形成一个科学合理的监督体系，包括党内自我监督、群众监督、舆论监督、民主党派监督等。

新中国刚成立不久，在毛泽东的提议下，中共中央在1949年11月发出决议，成立中央和各级党的纪律检查委员会。同时，以朱德为书记的中央纪律检查委员会成立。1955年3月，毛泽东在中国共产党全国代表会议上作了重要讲话，他说："互相监督是好办法，可以促进党和国家的事业迅速进步。"并成立中央和各级监察委员会，可以有效加强党内监督。与此同时，中央颁发了一系列党员须知、党员生活准则，赋予党员一些权利，例如，党员可以有根据地批评党的任何组织和任何党员；向党负责地揭发、检举党的任何组织和任何党员的违法乱纪行为。另外，毛泽东也特别注重党员干部的自我监督，要求他们廉洁自律，积极开展批评与自我批评。在毛泽东看来，个人自我监督是预防和减少腐败的一个重要渠道。

毛泽东除了特别重视对党组织和党员个人进行监督外，还从理论上阐述了依靠人民群众对共产党进行监督，并提出了许多有价值的思想和观点。毛泽东认为，人民群众是社会历史的主人，中国共产党忠实地代表人民群众的根本利益。对于共产党人来说，要真正地做到为人民服务，就必须与群众保持密切联系，廉洁从政，不滥用权力牟取私利。同时，人民群众也要履行自己当家做主的权利，通过各种方式来监督党和政府及其工作人员。毛泽东认为执政党和广大的党员应该接受人民的监督，人民群众的监督对党和政府具有十分重要的意义。

早在延安时期，毛泽东就号召发动群众自下而上地批评、监督党和政府的干部。解放以后，毛泽东更加重视群众的监督作用，认为没有群众的监督就不可能保持共产党的廉洁。为了保证群众有效地进行监督，毛泽东强调要建立多种形式的监督机制。在这方面，毛泽东对人民群众的来信来访制度非常关注，他严格要求有关部门把来信来访制度看成是共产党和人民政府加强和人民群众联系的一个重要渠道。在对待群众监督的重要形式——新闻监督的问题上，毛泽东也十分重视。1950年4月，中共中央作出一个决定，就是在报纸刊物上开展批评与自我批评，这个决定吸引了广大人民群众对党的工作进行监督。毛泽东还认为，报刊应当刊登群众的来信，通过这种方法可以了解群众的呼声和要求，反映群众对腐败现象的不满，促进党政机关的廉政建设。

另外，毛泽东也认识到民主党派对共产党进行监督的重要性。他认为一个党是很容易犯错误的,如果没有其他党派、组织的监督和批评,执政党是很难发现和修正自己的错误的。毛泽东认为,提倡民主党派来监督共产党和政府,就必须在共产党和其他民主党派之间建立起长期的执政党和监督党的关系。对此,毛泽东说:"究竟是一个党好,还是几个党好?现在看来,恐怕是几个党好。不但过去如此,而且将来也可以如此,就是长期共存、互相监督。"关于民主党派的监督,他还提出了"共产党万岁"、"民主党派也万岁"的思想。也就是说,共产党和各民主党派要互相监督、长期共存、共同发展。

(四)党和国家的政治生活要达到"六有"局面

在社会主义制度下,党和国家的政治生活应该处在一个什么样的状态中,这是毛泽东一直探求并不断努力的问题。1957年7月,在借鉴苏联经验的基础上,毛泽东在《1957年夏季的形势》一文中,鲜明地提出了党和国家的政治生活要达到"六有"局面,即"我们的目标,是想造成一个又有集中又有民主,又有纪律又有自由,又有统一意志,又有个人心情舒畅、生动活泼,那样一种政治局面,以利于社会主义革命和社会主义建设,较易于克服困难,较快地建设我国的现代工业和现代农业,党和国家较为巩固,较为能够经受风险。"这个构想体现了民主集中制的基本精神,顺应了发展社会主义民主的方向,毛泽东为此也作了最大努力。但由于后来"左"的思想不断发展,他未能使这个目标在社会主义实践中实现。

可见,毛泽东为建树和实行民主集中制作出了巨大的贡献,基本上形成了一个思想体系,为中国共产党的民主集中制理论的最终形成奠定了基础。但是,毛泽东的民主集中制思想,由于晚年的一些错误,使民主集中制的制度难以建立和健全。集体领导原则受到削弱以至破坏,给党和社会主义事业带来一定的损失。

第四节 邓小平的民主集中制思想

一、邓小平的生平简介

邓小平(1904-1997),伟大的无产阶级革命家、政治家、军事家、外交家,中华人民共和国开国元勋之一,中国共产党第二代领导集体的核心,同时也是中国人民解放军、中华人民共和国的主要领导人之一。他创立了邓小平理论,倡导的"改革开放"和"一国两制"的政策理念,改变了20世纪后期的中国，也影响了世界，因此在1978年和1985年，两次当选《时代》周刊"年度风云人物"，被称为中国改革开放和现代化建设的"总设计师"。

1904年，邓小平出生在四川省广安县的一个农民家庭。1920年，16岁的邓小平赴法国勤工俭学。1924年加入中国共产党。1929年底和1930年初，他和张云逸等人在广西领导百色起义和龙州起义，创立中国工农红军第七军、第八军和左江、右江革命根据地。

抗日战争爆发后，邓小平和刘伯承共同领导创建了晋冀豫等抗日根据地，卓有成效地开展了这些地区的抗日战争。1945年在中国共产党第七次全国代表大会上当选为中央委员。解放战争时期（1945年8月16日至1949年9月30日），担任中国人民解放军晋冀鲁豫野战军（后改称为中原野战军、第二野战军）的政治委员。1947年同刘伯承一起率领军队渡过黄河，挺进大别山地区，开始了人民解放军对国民党军队的全国性战略进攻。在对解放战争具有重大意义的淮海战役和渡江战役这两次战役中，担任总前委书记（即前线委员会书记）。

新中国成立后，邓小平担任中央人民政府政务院（1954年改为国务院）副总理。""文化大革命""期间，被撤销党内外一切职务，1973年3月恢复副总理一职。1974年4月，邓小平代表中国政府出席联合国大会第六届特别会议，首次向全世界阐述了毛泽东关于"三个世界"划分的战略思想。1975年1月担任中共中央副主席、国务院副总理、中共中央军委副主席和中国人民解放军总参谋长。

1977年8月，在十一届一中全会上继续当选为中央副主席、中央军委副主席。1978年12月召开中共十一届三中全会，邓小平对中国共产党政策的历史性转变起了决定性的作用。1981年6月，中共十一届六中全会通过了他亲自主持起草的《关于建国以来党的若干历史问题的决议》。这次全会上他当选为中共中央军委主席。

从1978年以来，邓小平成为中国共产党的主要决策人，领导全党制定和实施新时期发展的路线、方针和政策。他提出解放思想，实事求是，团结一致向前看的方针；提出四项基本原则，即坚持社会主义道路，坚持人民民主专政，坚持共产党的领导，坚持马克思列宁主义、毛泽东思想；主张把全党全国的工作重点转移到经济建设上来，要求把马克思主义的普遍真理同中国的具体实际结合起来，走自己的道路，建设有中国特色的社会主义；提出坚持社会主义道路、集中力量进行现代化建设的四项保证；提出"一个国家、两种制度"的构想。

1992年春，他视察南方并发表重要谈话。此后，中共中央政治局全体会议根据邓小平南方谈话精神作出了"关于加快改革开放和经济发展的决定"。从此，中国开始进入新的发展时期。

二、邓小平的民主集中制思想

相对于毛泽东的民主集中制思想，邓小平的民主集中制思想的鲜明特点主要表现在以下几个方面：

（一）强调坚持和健全民主集中制的极端重要性

新中国成立以后，中国共产党成为中国的执政党，邓小平从关系党和国家前途命运的高度来充分认识民主集中制的重要性。

1956年9月，邓小平在党的八大《关于修改党的章程的报告》中，第一次比较全面地论述了执政党建设的问题，把实行民主集中制和巩固党的执政地位联系起来。他明确地指出："民主集中制是我们党的列宁主义的组织原则，是党的根本的组织原则。"他不仅强调要继续坚持民主集中制，还提出要进一步完善民主集中制。邓小平指出，执政的地位会给党带来新情况和新问题，这种地位很容易让一些人滋长不良习气，产生脱离实际和脱离群众的倾向，而要克服和防止这种现象，就要把民主集中制的制度规定和改革作为最主要的内容之一。可以看出，他特别重视党在执政条件下坚持和健全党的民主集中制。

在后来的论著中，邓小平把坚持和健全党的民主集中制的重要性和必要性又提到一个新的高度。在1962年的七千人大会上，邓小平阐述了一个重要的观点：民主集中制执行得好坏关系到党和国家的命运。他指出："民主集中制执行得不好，党是可以变质的，国家也是可以变质的，社会主义也是可以变质的，干部可以变质，个人也可以变质。"他又说："民主集中制是党和国家的最根本的制度，也是我们传统的制度。坚持这个传统的制度，并且使它更加完善起来，是十分重要的事情，是关系我们党和国家命运的事情，凡是违反这个制度的，都要纠正过来。"

经历""文化大革命""之后，邓小平对民主集中制的极端重要性的认识达到理性的高度。在粉碎"四人帮"后的一段时间里，广大干部和群众的思想仍然处在僵化半僵化的状态。对此，邓小平指出："解放思想，开动脑筋，一个十分重要的条件是要真正实行无产阶级的民主集中制。"到了20世纪

80年代，他进一步提出了包括民主集中制在内的党和国家的领导制度必须进行改革，并且指出："权力过分集中，妨碍社会主义民主制度和党的民主集中制的实行，妨碍社会主义建设的发展，妨碍集体智慧的发挥，容易造成个人专断，破坏集体领导，也是在新的条件下产生官僚主义的一个重要原因。"1992年，邓小平再次强调，民主集中制是我们党和国家的根本制度，也是最便利的制度，永远都不能丢。

邓小平关于民主集中制的重要性的认识，为党和国家政权的建设指明了方向。

（二）对执行民主集中制的经验教训进行总结，以警示后人

建国以后党在指导思想上的失误，特别是""文化大革命""的发动，让邓小平对此进行了冷静的思考，最终形成了富有时代特色的民主集中制思想。引发"文革"的主要原因之一是党和国家政治生活中的民主集中制不断受到削弱甚至根本违背了这一原则。因此，邓小平进行了深刻的总结。

一方面，权力过分集中，集体领导遭到破坏。他指出，"权力过分集中于个人或少数人手里，多数办事的人无权决定，少数有权的人负担过重，必然造成官僚主义，必然要犯各种错误，必然要损害党和政府的民主生活、集体领导、民主集中制、个人分工负责制等等"。"从一九五八年反冒进，一九五九年'反右倾'以来，党和国家的民主生活逐渐不正常，一言堂、个人决定重大问题的个人崇拜、个人凌驾于组织之上的一类家长制现象，不断滋长。"特别是在""文化大革命""中，林彪、"四人帮"别有用心地制造个人崇拜，践踏党纪国法，使党和国家的民主生活遭到严重破坏。

另一方面，"大民主"泛滥。1980年1月，邓小平在《目前的形势和任务》一文中指出："""文化大革命""期间，党的纪律废弛，至今还没有完全恢复，这也是党不能发挥应有作用的一个重要原因。由于纪律相当废弛，许多党员可以自行其是，对党的路线、方针、政策，党的决定，党规定的任务，可以不执行或不完全执行。一个党如果允许它的党员完全按个人的意愿自由发表言论，自由行动，这个党当然就不可能有统一的意志，不可能有战斗力，党的任务就不可能顺利实现。所以，要坚持和改善党的领导，必须严格维护党的纪律，极大地加强纪律性。个人必须服从组织，少数必须服从多数，下级必须服从上级，全党必须服从中央。必须严格执行这几条。"邓小平用实事求是的态度，对我们党实行民主集中制的经验教训进行客观、公正地总结。

（三）强调中央要有权威，反对任何形式的个人崇拜

中央要有权威，是实行民主集中制的必然要求。邓小平说，中央要有权威，就是党中央、国务院要有权威。党中央、国务院如果没有权威，局势就控制不住，中央的路线、方针、政策就贯彻不下去，落实不了。中央要有权威，就是要保证中央政令畅通，中央的路线、方针、政策以及中央决定的措施、决策，各地各部门都要迅速、有力地执行。中央要有权威，全党就要实行严格的组织纪律，否则会危害党的事业。当然，中央要有权威，并不是把赋予地方的权力收上来，而是在重大问题上，在方向问题上，地方必须服从中央，严格遵守纪律。邓小平说："中国问题的关键在于共产党要有一个好的政治局，特别是好的政治局常委会。"还说："任何一个领导集体都要有一个核心，没有核心的领导是靠不住的。"只有有了这样的领导集体及其核心，才能坚持民主集中制的集体领导。

邓小平还提出了反对任何形式的个人崇拜。1956年，邓小平总结了斯大林高度集权、搞个人崇拜的教训，在党的八大修改党章的报告中指出：我们党"厌弃对于个人的神化……真正巩固领导者同群众的联系"。但是，由于一些原因，个人崇拜在"文革"期间发展到了顶峰，民主集中制遭到了严重破坏。

党的十一届三中全会后，总结了"文革"中的经验教训，逐渐恢复了民主集中制的传统。

（四）坚持和改善党的集中领导，重视发展党内民主

中国共产党取得执政地位以后，特别是在党的工作重心转移到经济建设上来以后，党的地位和任务发生了变化。这就迫切需要在坚持和改善党的集中领导的同时，努力发展党内民主。早在20世纪50年代，邓小平等老一辈无产阶级革命家就提出了扩大党内民主的问题，只是这个正确的思想被忽视了。1978年12月，在中央工作会议闭幕会上，邓小平指出："民主是解放思想的重要条件。""我们需要集中统一的领导，但是必须有充分的民主，才能做到正确的集中。""当前这个时期，特别需要强调民主。因为在过去一个相当长的时期内，民主集中制没有真正实行，离开民主讲集中，民主太少。""在党内和人民内部政治生活中，只能采取民主手段，不能采取压制、打击的手段。宪法和党章规定的公民权利、党员权利、党委委员的权利，必须坚决保障，任何人不得侵犯。"他的这个思想为党的十一届三中全会的胜利召开奠定了思想基础。

此后，邓小平又在《坚持四项基本原则》中对他的上述思想作了更精确的表述，指出："我们过去对民主宣传得不够，制度上有许多不完善，因此，继续努力发扬民主是我们全党今后一个长时期的坚定不移的目标。"在这篇讲话中，邓小平还按照民主的政治属性，把民主科学地作了区分，并指出我们倡导的民主，是指认真执行我国宪法规定的民主制度，是有领导、有集中、有秩序、有纪律、有法制的民主。

（五）坚持民主和集中的辩证统一，正确地发挥集中对民主的指导作用

邓小平十分重视党内民主，但他也并不认为民主可以不受任何制约，他充分肯定集中对民主的指导作用。邓小平继承前人的观点，不断强调民主和集中的辩证统一关系，同各种片面崇拜民主、否定集中的错误观点相对立，这一点最鲜明地体现在《坚持四项基本原则》一文中，他指出："我们实行的是民主集中制，这就是民主基础上的集中和集中指导下的民主相结合。""在社会主义制度之下，个人利益要服从集体利益，局部利益要服从整体利益，暂时利益要服从长远利益，或者叫作小局服从大局，小道理服从大道理。"他还说："如果相反，违反集体利益而追求个人利益，违反整体利益而追求局部利益，违犯长远利益而追求暂时利益，那么，结果势必两头都受损失。""如果离开四项基本原则，抽象地空谈民主，那就必然会造成极端民主化和无政府主义的严重泛滥，造成安定团结政治局面的彻底破坏，造成四个现代化的彻底失败。"国家生活中的民主集中制同党内生活中的民主集中制，其基本道理也是相通的。

（六）抓好民主集中制的思想作风教育，重视民主集中制的制度建设

通过发展党内民主来健全党的民主集中制，主要抓好两个方面的工作：一是民主集中制的思想作风教育；二是民主集中制的制度建设。思想作风教育是要解决人的精神状态、思想认识和理论观点等问题，特别是要努力增强党的领导干部的民主意识，使领导干部树立民主作风。此外，还必须有完备而具体的制度做保证。党的十一届三中全会后，邓小平阐述了制度建设的重要性和必要性。他认为""文化大革命""之所以发生，一个十分重要的原因就是没有制定也没有形成良好的制度，所以要重视制度建设。他指出："民主集中制还没有成为严格的制度"、"我们过去发生的各种错误，固然与某些领导人的思想、作风有关。但是组织制度、工作制度方面的问题更重要。这些方面的制度好可以使坏人无法任意横行，制度不好可以使好人无法充分做好事，甚至会走上反面。"他还强调：

"领导制度、组织制度问题更带有根本性、全局性、稳定性和长期性。这种制度问题，关系到党和国家是否改变颜色，必须引起全党的高度重视。"邓小平提出了要加强制度建设，特别要加强以民主集中制为中心的各项制度建设，"要认真建立社会主义的民主制度和社会主义法制。只有这样，才能解决问题。"邓小平第一次提出制度建设的系统思想，这是对毛泽东建党思想的一个重大贡献。

（七）在坚持群众路线的基础上实行民主集中制

党的民主集中制是在制定和贯彻党的决策时应该遵循的原则。按照民主集中制原则制定和执行党的路线和政策，是同坚持党的群众路线密切联系在一起的。邓小平坚持并发挥了我们党的这个优良传统，在中共八大《关于修改党的章程的报告》中指出，民主集中制"是党的根本的组织原则，也是党的工作中的群众路线在党的生活中的应用"。还指出："党是依靠全体党员和全党的各个组织，来联系广大的人民群众的。为了从人民群众中收集他们的意见和经验，为了向人民群众宣传党的主张，把它变为人民群众自己的主张，并且组织人民群众加以执行，一般地都必须经过党员的努力，经过党的下级组织的努力。因此，正确地解决党的组织和党员的关系，党的上级组织和下级组织的关系，党的中央组织和地方组织的关系，在党的民主集中制问题上，具有特别重要的意义。"接着他在论述党的上下级关系、各级党组织中的集体领导、党的各级代表大会制度以及领袖与党员和人民群众的关系问题的过程中，对民主集中制同群众路线的关系又作了具体的阐明。在新的历史时期，我们党再次肯定了这个指导思想，十一届三中全会公报就指出，"党的统一领导"一定要"建立在群众路线的基础上"。

中国共产党第二代领导集体的核心邓小平，在长期的革命和建设实践中，特别是党的十一届三中全会以来，实事求是地总结了我们党实行民主集中制正反两方面的经验，提出了新形势下坚持和健全民主集中制的一系列重要思想，创立了富有时代特征的新的民主集中制理论，把党对民主集中制的认识推到一个新的阶段，并成为一个比较完整的思想体系。

第五节 江泽民的民主集中制思想

一、江泽民的生平简介

江泽民，1926年出生在江苏省扬州市的一个书香门第。

1943年起参加地下党领导的学生运动，1946年加入中国共产党，1947年毕业于上海交通大学。

新中国成立后，1955年江泽民被派往苏联莫斯科斯大林汽车厂实习一年。1956年回国后，他先后在长春、上海、武汉等地担任工厂的厂长和研究所的所长。此后，他担任国务院第一机械工业部外事局的负责人。1980年以后，他历任国家进出口管理委员会副主任，国家外国投资管理委员会副主任，电子工业部副部长、部长，上海市市长，中共上海市委书记，中共中央政治局委员等职。1989年6月后，他担任中共中央总书记、国家主席和中央军委主席。

在上海当政期间，江泽民以出色的政绩赢得了上海市民的口碑。江泽民确定的利用外资的新思路和"自借、自用、自还"的新机制，使上海出现了"一年一个样，三年大变样"的奇迹。

到中央工作后，江泽民的治党治国才干得到进一步施展。在以他为核心的中共中央领导下，中国的改革开放和现代化建设不断向前推进。他在中国共产党第十五次全国代表大会上的报告中，高举邓小平理论的伟大旗帜，作出了把建设有中国特色社会主义事业全面推向21世纪的一系列重大部署。在经济体制改革方面，确定中国社会主义初级阶段的基本经济制度，即以公有制为主体、多种所有制经济共同发展；明确提出了公有制的实现形式可以而且应当多样化，一切反映社会化生产规律的经营方式和组织形式，包括股份制和股份合作制都可以大胆利用；进一步阐明了非公有制经济是社会主义市场经济的重要组成部分。在政治体制改革方面，明确要进一步扩大民主，更好地保证人民进行民主选举、民主决策、民主管理和民主监督，坚持依法治国，努力建设有中国特色社会主义的民主政治。

江泽民在领导中国改革和建设的过程中，强调要正确处理物质文明建设和精神文明建设之间的关系。他说：经济落后不是社会主义，精神匮乏也不是社会主义。在他主持下，中共中央分别就加强精神文明建设、坚持和改善党的领导等作出了一系列重大决策。

江泽民深知，在一个人口大国进行现代化建设，社会的稳定是一个基本前提。为此，他特别强调要妥善处理改革、发展、稳定三者的关系，并提出了"抓住机遇、深化改革、扩大开放、促进发展、保持稳定"的基本方针。

在外交方面，以江泽民为核心的第三代领导集体显示出卓越的能力，使中国外交取得了丰硕成果。中国的国际地位和在国际事务中的影响也不断提高。中国与世界各国的关系在和平共处五项原则的基础上得到进一步发展，与周边国家的睦邻友好关系更加巩固，与广大发展中国家的团结合作大为加强。

二、江泽民的民主集中制思想

以江泽民为核心的第三代中央领导集体一直十分重视党的建设工作，特别是对民主集中制给予了极大关注，把健全和完善民主集中制作为党的建设的核心问题，作为党和国家的根本制度来抓、来建设。

早在1989年8月，刚担任中共中央总书记的江泽民就在全国组织部长会议上严肃地指出："党是按照民主集中制原则组织起来的统一整体"。"我再强调一下，坚持民主集中制原则，就是要在高度民主的基础上实行高度集中，严格实行个人服从组织，少数服从多数，下级服从上级，全党服从中央。这个问题很重要，这是从党的历史经验总结出来的。"同年11月，在党的十三届五中全会上，江泽民又提出要"加强民主集中制，提高党的战斗力"，并对正确处理中央和地方、上级与下级的关系，各级党委要加强集体领导等方面作了重要论述。

进入20世纪90年代以后,他更是高度重视党的民主集中制建设,反复强调加强民主集中制建设的重要性与紧迫性。在以后的多次会议和报告中,他关于民主集中制建设的论述极大地丰富和发展了马克思主义的理论。

江泽民关于党的民主集中制建设的一系列精辟论述,可以从以下几个方面来领会和把握:

(一)必须坚持、完善和发展党的组织优势——民主集中制

20世纪80年代末,随着各种错误思潮的兴起和苏东局势的变化,社会主义事业遭到严重挫折,国内一些人对民主集中制产生了不少错误认识。另外,随着科技的进步和经济全球化的发展,综合国力的竞争日趋激烈。在这种国际形势下,如何加强党的建设,保持党的先进性是一个严峻的问题。江泽民坚定地表示:民主集中制是党的根本组织原则,"历史经验证明,什么时候我们能坚持这一原则,决策就比较正确,党就团结统一,工作就做得比较好;什么时候这个原则贯彻得不好,决策就容易失误,认识就难以统一,工作中就会发生这样那样的偏差"。因此,"我们一定要严格执行民主集中制,来保证各项任务的顺利完成"。此后,江泽民又反复强调坚持民主集中制的重要性和必要性。在党的十五大报告中,他更加明确地

指出："我们党有五千八百万党员，有三百四十万个基层党组织，在马克思主义指导下按照民主集中制组成的统一整体，为实现共同的目标而奋斗，这是巨大的组织优势。"在新的发展时期，他强调："在改革开放和发展社会主义市场经济条件下，民主集中制不仅不能削弱，而且必须完善和发展。"也就是说，我们一方面要坚定不移地坚持民主集中制，在任何时候，任何情况下都不能削弱它；另一方面我们要不断完善和发展民主集中制。这是以江泽民为核心的第三代中央领导集体为我们新世纪搞好民主集中制建设提出的一条新思路。

（二）在新时期坚持、完善和发展民主集中制的基本方向

在迈向新世纪的过程中，我们既要坚持民主集中制，更要不断完善和发展民主集中制，最重要的是我们要明确坚持、完善和发展民主集中制的重点。江泽民在党的十五大报告中明确指出：首先，"要进一步发扬民主，保障党员的民主权利，疏通和拓宽党内民主渠道，充分发挥全党的积极性和创造性"；其次，"要维护中央权威，在思想上、政治上同中央保持一致，保证党的路线和中央的政策顺利贯彻执行"；再次，"要完善党的代表大会制度，健全各级党委集体领导和个人分工负责相结合的制度，更好地发挥地方党委在同级各种组织的领导核心作用"。他强调:"领导干部要带头遵守民主集中制的各项规定,维护大局,严守纪律,防止个人专断和各自为政,反对有令不行、有禁不止。"江泽民提出的从民主、集中、制度三方面坚持、完善和发展民主集中制的重要观点,为全党在新世纪进一步加强民主集中制建设指明了前进的方向。

(三)民主集中制是形成科学决策的重要保证

中国共产党的领导,主要是通过制定科学的路线、方针、政策来实现的。重大问题的决策是否正确,直接影响着党的领导能否实现。因此,实现党的领导必须确保决策正确性和科学性。江泽民认为:民主集中制"是实现决策科学化、民主化必不可少的制度保证",是"实行民主集中制的重要环节"。他要求"领导机关和领导干部要认真听取群众意见,充分发挥各类专家和研究咨询机构的作用,加速建立一套民主的科学的决策制度"。在这里,江泽民不仅把民主集中制的建设和实现决策的科学化、民主化联系起来,而且还认为决策的科学化、民主化本身就是实行民主集中制的重要环节。搞好民主集中制建设,必须十分重视民主、科学的决策机制建设。江泽民的这一论述,为我们进行民主集中制建设提出了又一项重要内容。

（四）加强领导班子的民主集中制建设

领导班子建设一直是党的建设的重点。在这方面，江泽民的相关论述更加丰富和精彩。在1989年底，江泽民就明确地指出："保证党和国家的各级领导权由忠诚于马克思主义的人来掌握，是一个至为重要的战略问题，直接关系到党和国家的盛衰兴亡。"他强调："全国县级以上党委和政权机关领导班子成员是干部队伍的骨干，这部分干部的责任重大。我们要努力做到确保县以上各级领导集体由真正忠于马克思主义的人组成，并从中逐步造就成千上万名坚强的马克思主义者。"为了保证各级领导核心由忠诚的马克思主义者组成，江泽民把领导班子的民主集中制建设放在了一个十分重要的位置上，明确要求今后"要切实加强党的集体领导制度，健全监督制约机制，严格领导干部的民主生活，提倡主动揭露矛盾、解决矛盾，加强领导成员的相互谅解和支持"。江泽民认为："一个领导班子的状况如何，同是否认真执行民主集中制有直接关系。有些领导班子存在不团结现象，原因很多，但带共性的一条就是民主集中制执行得不好，搞少数人或者个人说了算，把集体领导当陪衬，把集体讨论当形式，或者遇事议而不决，决而不行。要增强领导班子的凝聚力和战斗力，必须健全集体领导和个人分工负责相结合的制度。"

此外，江泽民强调要从以下三个方面加强领导班子的民主集中制建设：

1. 领导班子内的成员应具有很高的民主集中制素质和修养。这包括：（1）"主要领导同志要有魄力，尤其要有全局思想和民主作风，要懂得尊重别人，善于集思广益，坚持重大问题集体讨论决定。""主要领导人要切实负起责任，自觉坚持民主集中制，带头开展谈心活动，认真开展批评和自我批评，以利于消除不团结的因素。"（2）"每个领导成员既要根据集体的决定和分工，切实履行自己的职责，又要关心全局工作，积极参与集体领导。要把贯彻执行民主集中制与讲学习、讲政治、讲正气结合起来，树立领导班子的良好形象。""每个领导成员都识大体、讲原则，处处以党的利益为重，坚持民主集中制，按照党的规矩办事，加强团结就有了党性和制度保证。""个人有不同意见，允许保留，但必须服从和执行集体的决定。"（3）"各级党委首先是主要负责同志，都要坚持民主原则，发扬民主作风，善于广泛听取各方面的意见，包括不同的意见和反对自己的意见，反复研究，反复比较，进行正确的集中。""领导集体的成员，在工作中要互相尊重、互相谦让、互相帮助、互相补充，这样才能增强团结，增强战斗力。""领导班子成员之间要互相信任、互相支持、互相谅解；遇到不同意见应坦诚相见，不计较个人恩怨得失，把党和人民的事业放在第一位，这样就可以避免影响团结的问题发生，即使有了问题也能够及时解决。"

2. 加强对领导班子的监督。江泽民说："我们党执政以后，特别是在新的历史条件下，能不能成功地解决党内监督问题，尤其是对高中级干部的监督问题，是加强党的建设需要解决的一个重要问题。"因此，"要重点抓好对领导干部的监督，强化领导集体内部的监督作用。""加强对领导干部的监督，最重要的是加强领导班子内部的监督。"

3. 领导班子要遵循16字方针作重大决策。即"集体领导、民主集中、个别酝酿、会议决定"。（1）集体领导，这是党的最高原则，也是民主集中制最基本的原则之一。"凡属重大决策、重要干部任免、重要建设项目安排和大额度资金的使用，必须经集体讨论，不准个人或少数人专断。"（2）民主集中，这是民主集中制的基本领导方法，也是决策科学性、正确性的基础。只有充分发扬民主，才能调动各方面的积极性，充分发挥党员和群众的聪明才智，为形成正确科学的决策奠定坚实的基础；也只有在广泛民主基础上进行正确的集中，才能顺应党员和群众的呼声、愿望和要求，形成代表党员和群众意志的正确主张。（3）个别酝酿，这是保证领导班子内作出正确决策的重要条件。有利于领导班子内每个成员开动脑筋，积极为解决重大问题献计献策，在不同方案中好中选优、优势互补。（4）会议决定，这是领导班子对重大问题进行决策的必要形式和程序。这个程序可以防止和避免家长制、个人专断、一言堂等现象，避免决策的片面性。

（五）通过贯彻民主集中制原则来严肃党纪、增强党的团结统一和战斗力

江泽民认为："党的力量在于党的团结，在于党有严密的组织和严格的纪律。""只有坚持民主集中制原则，才能统一认识，统一步调。"因此，他特别强调全党自觉遵守民主集中制原则的重要性，指出："我们党历来的规矩是，个人服从组织，少数服从多数，下级服从上级，全党服从中央。这是全党必须遵守的基本的组织纪律，它既是民主集中制的重要内容，又是民主集中制得以贯彻执行的重要保证。"我们要保证"党组织和党员、干部严格遵守和维护民主集中制的各项制度，不论担任何种职务、从事何种工作，都要摆正自己在党内生活的位置。"而"我们坚持和健全民主集中制，目的就在于在党的基本理论和基本路线的指引下，活跃党内生活，激发全党的积极性和创造性，形成统一认识、统一意志和统一行动，坚持正确的东西，克服错误的东西，使党成为更加团结、更有战斗力的整体。"在这里，江泽民非常明确地告诉我们，只有坚决贯彻民主集中制原则，才能使我们党充满生机和活力，具有强大的凝聚力和战斗力，成为中国特色社会主义事业的领导核心，带领全国各族人民共同前进。

另外，江泽民在充分发扬民主集中制的民主、保障党员民主权利的问题上，在有效地实现民主集中制的集中、自觉维护中央的权威问题上，在进一步加强民主集中制的制度建设等问题上，都有精确的论述。因此，认真学习和把握这些重要论述是我们在新世纪更好地推进民主集中制建设的重要思想保证。

第六节 胡锦涛的民主集中制思想

一、胡锦涛的生平简介

胡锦涛，1942年出生在安徽省绩溪县。清华大学水利工程系河川枢纽电站专业毕业。曾任中共中央总书记，中华人民共和国主席，中共中央军事委员会主席，中华人民共和国中央军事委员会主席。

1959年至1964年，胡锦涛在清华大学水利工程系学习，并于1964年4月，加入中国共产党。1965年7月毕业后留在清华大学工作。1968年在水电部刘家峡工程局的房建队劳动。1969年后，任水利电力部第四工程局八一三分局技术员、秘书、机关党总支副书记。

1974年胡锦涛被调到甘肃省基本建设委员会，先后任秘书、设计管理处副处长。1980年任甘肃省基本建设委员会副主任。1982年9月在中国共产党第十二次全国代表大会上当选为中央候补委员。不久，又当选为中国共产主义青年团甘肃省委书记、共青团中央书记处书记。

1983年在中国人民政治协商会议六届一次会议上，胡锦涛当选为全国委员会常务委员，在中华全国青年联合会六届一次会议上当选为全国青年联合会主席。1984年担任共青团中央书记处第一书记。

1985年7月胡锦涛担任中共贵州省委书记。同年9月在中国共产党全国代表会议上增选为第十二届中央委员会委员。1988

年12月担任中共西藏自治区委员会书记。

1992年10月在中共十四届一中全会上，胡锦涛当选为中央政治局委员、中央政治局常务委员会委员，并担任中央书记处书记。1993年9月兼任中共中央党校校长。1997年9月在中共十五届一中全会上，他继续当选为中央政治局常务委员会委员。1998年3月在第九届全国人大一次会议上当选为中华人民共和国副主席。2002年11月15日中共十六届一中全会上当选为中央委员会总书记（至2012年11月）。2003年3月15日十届人大一次会议上当选为国家主席（至2013年3月）。在2003年7月28日的讲话中他提出科学发展观。2004年9月，根据中共十六届四中全会决定，担任中共中央军委主席（至2012年11月）。2005年3月，在十届全国人大三次会议第四次全体会议上当选为中华人民共和国中央军事委员会主席（至2013年3月）。

二、胡锦涛的民主集中制思想

从中国共产党第十六次全国代表大会召开以来，中共中央把健全民主集中制作为重点加强党的制度建设，"全面推进党的建设新的伟大工程"，创造性地提出要"尊重党员主体地位"，努力探索搞好党的廉政建设和反腐败工作的根本途径，把民主集中制建设推向一个新的发展阶段。

（一）把健全民主集中制作为加强党制度建设的重点

在总结改革开放以来党的建设经验时，胡锦涛指出："党领导的改革开放既给党巨大活力，也使党面临许多前所未有的新课题新考验。世情、国情、党情的发展变化，决定了以改革创新精神加强党的建设既十分重要又十分紧迫。"胡锦涛科学地分析了中国共产党所处的环境、所肩负的任务以及党员队伍的状况，站在落实科学发展观的角度，对党的建设提出了"一条主线、五个重点"的构想，一条主线是指"必须把党的执政能力建设和先进性建设作为主线"；五个重点是指"以坚定理想信念为重点加强思想建设，以造就高素质党员、干部队伍为重点加强组织建设，以保持党同人民群众的血肉联系为重点加强作风建设，以健全民主集中制为重点加强制度建设，以完善惩治和预防腐败体系为重点加强反腐倡廉建设"。

把健全民主集中制作为重点加强党的制度建设，具有多方面的要求。首先，健全民主集中制，就要"根据新情况新变化，加快完善民主集中制的具体制度"；其次，要把民主集中制"更好地落实到党的领导制度、组织制度、选举制度、工作制度、监督制度等方面"；最后，健全民主集中制的目标是要

"逐步建立起内容完备、结构合理、功能健全、科学管用的党内制度体系"，"做到用制度管权、用制度管事、用制度管人"。胡锦涛根据党的民主集中制建设的状况指出：从总体上来看取得了一定的成效，"我们各级领导干部能够坚持民主集中制原则，摆正自己在领导班子中、在党员群众中的位置"。但是，仍然存在一些不好的现象，"确有一些领导干部在贯彻民主集中制方面存在着比较突出的问题"，如"靠拍脑袋作决策"，"习惯于独往独来、包办代替"，"无视组织原则和程序，擅自决定重大事项，把自己凌驾于组织之上"等。因此，加强党的制度建设必须要以健全民主集中制为重点。

（二）民主集中制建设要扩大党内民主

以胡锦涛同志为代表的中共中央，根据邓小平提出的"民主集中制的中心是民主"和党在十六大政治报告中提出的"党内民主是党的生命"的重要思想，继续探索这个课题，创造性地提出"尊重党员主体地位"，"保障党员民主权利"的重要论断。

首先，科学地总结党的建设经验，提出要"尊重党员主体地位"。改革开放以来，党的队伍不断扩大，广大党员是党组织的基本群体，是我们党赖以生存和发展的基础。在全面推进党的建设新的伟大工程中,需要充分调动党员的积极性、主动性和创造性,发挥党员的主体作用。胡锦涛科学地总结了党的建设经验,特别是党的先进性建设经验,指出:"党员是党的肌体的细胞和党的行为主体,党的先进性最终要靠党员的先进性来体现。"加强党的先进性建设,"必须始终抓住党员队伍这个主体,充分依靠全党同志共同努力。"后来,这一经验发展成为"坚持党员主体地位",最终形成"尊重党员主体地位"的重要思想。

其次,把"尊重党员主体地位"和"保障党员民主权利"结合起来。胡锦涛多次强调要"坚持民主集中制,尊重党员主体地位,保障党员民主权利,充分发挥党员在党内事务中的参与、管理、监督作用"。要通过一些措施来保障党员的主体地位,例如,保障党员的民主权利;教育党员按照党章规定履行义务;拓展党员参与党内事务的渠道等。

(三)健全民主集中制,"也是搞好党风廉政建设和反腐败工作的根本途径"

在改革开放不断推进的过程中,在建立、完善社会主义市场经济体制的过程中,我们党一直在与腐败现象作坚决的斗争。中共中央充分认识到反腐败斗争是一个长期性、复杂性和艰巨性的任务，必须毫不动摇地深入开展反腐败斗争，并不断总结社会主义市场经济条件下的反腐败工作经验，深刻分析腐败现象发生的原因，从党的民主集中制建设的角度，科学探索出加强党风廉政建设和反腐败工作的根本途径。

胡锦涛认为，产生腐败现象的原因是多方面的，从民主集中制执行的情况来看，"各级领导班子状况如何、战斗力如何，与坚持民主集中制的情况是密切相关的。一些班子在决策和用人等方面出现问题，或者班子成员发生腐败问题，很重要的一个原因就是民主集中制坚持得不好，贯彻执行民主集中制的具体制度不健全"。因此，党风廉政建设和反腐败工作，要"更加注重制度建设，拓展从源头上防治腐败工作领域"，特别是"必须坚持民主集中制，发扬党内民主"，必须充分认识到，"党内民主是党的生命，是保持党的生机和活力的关键，也是搞好党风廉政建设和反腐败工作的根本途径"。

胡锦涛强调，必须建立健全比较完整的反腐倡廉法规制度体系，这个体系要充分体现党的民主集中制和党内民主。例如，建立健全科学决策和民主监督的程序和制度，使这种程序和制度贯穿在从决策到执行的整个过程，并进一步推进决策的科学化、民主化；建立健全党的常委会向党的委员会全体会议负责、报告工作和接受监督的制度；建立健全充分反映党员和党组织意愿的党内民主制度，逐步推进党内事务公开等。

在以上重要思想的指导下，中共十六大以来党的民主集中制建设取得了重大进展，主要表现在以下两个方面：

首先，以胡锦涛同志为代表的中共中央带头做好表率，在制定具体的制度和规则时，严格遵循民主集中制原则。"比如，按照民主集中制原则，中央政治局、中央政治局常委会以及中央书记处分别制定了会议制度和工作规则，强调中央政治局和中央政治局常委会实行集体领导制度，进一步推进了党中央工作的制度化、规范化。"中共十六大以后，中央政治局向中央委员会报告工作逐渐制度化、规范化。

其次，通过修改党章和制定一系列相关文件，加快形成科学的民主集中制运行机制和监督机制体系。

例如，2003年颁布的《中国共产党党内监督条例（试行）》，规定党内监督的重点内容之一就是监督各级领导"贯彻执行民主集中制的情况"，还规定"党内监督的重点对象是党的各级领导机关和领导干部，特别是各级领导班子主要负责人"，并制定了落实监督的具体制度。

2004年颁布的《中国共产党党员权利保障条例》明确规定

"党员享有的党章规定的各项权利必须受到尊重和保护，党的任何一级组织、任何党员都无权剥夺"。

2005年颁布的《建立健全教育、制度、监督并重的惩治和预防腐败体系实施纲要》，提出建立健全反腐倡廉基本制度，要"坚持民主集中制这一党的根本组织制度，健全民主集中制的各项具体制度"。还规定要"监督民主集中制及领导班子议事规则落实情况，凡属重大决策、重要干部任免、重大项目安排和大额度资金的使用，必须由领导班子集体作出决定"。

2007年中国共产党第十七次全国代表大会通过的党章中，增加了"保障党员民主权利"、"党的各级组织要按规定实行党务公开"、"党的各级代表大会实行任期制"、"党的中央和省、自治区、直辖市委员会实行巡视制度"、"中央政治局向中央委员会全体会议报告工作，接受监督"、"党的地方各级委员会的常务委员会定期向委员会全体会议报告工作，接受监督"等新规定。

2008年颁布的《建立健全惩治和预防腐败体系2008–2012年工作规划》，规定要"健全党内民主集中制的具体制度。完善党的地方各级全委会、常委会工作机制，修订《中国共产党地方委员会工作条例（试行）》。制定《中国共产党党组工作条例》。推行地方党委讨论决定重大问题和任用重要干部票决制",还规定要"加强对执行民主集中制情况的监督。认真开展对涉及全局性问题、重要干部推荐任免和奖惩等方面贯彻执行民主集中制情况的监督检查,保证党委全委会和常委会议事规则、决策程序的严格执行,反对和防止个人或少数人专断"。这个工作规划的颁布标志着党的民主集中制建设进入探索运行机制和监督机制的新阶段。

2009年,中国共产党第十七届中央委员会第四次全体会议,审议通过了《中共中央关于加强和改进新形势下党的建设若干重大问题的决定》,这一决定对民主集中制认识上有了突破性的发展,其中,最突出的有三条:一是把民主集中制的组织路线和党的认识路线、群众路线相结合;二是提出了党内民主是党的生命、集中统一是党的力量保证这一命题,科学地概括了党的民主集中制原则的极端重要性,从理论上发展了民主集中制;三是在坚持民主集中制、积极发展党内民主的问题上,明确了党员的主体地位,要求落实党员的知情权、参与权、选举权、监督权,充分发挥党员在党内生活中的主体地位和民主权利等。

总之,民主集中制建设是一项长期的历史任务,必须不断适应时代要求以改革创新精神努力推进民主集中制的建设

第三章　中国共产党的组织原则
——民主集中制

"有一页历史

诞生于南湖的一叶扁舟

照亮了黑暗的岁月，格外耀眼"

"那是一九二一年的一个夏天

在黄浦江畔，在嘉兴红船

一面由镰刀和铁锤组成的鲜红旗帜，照亮了神州大地

宣告了伟大的中国共产党的诞生！

从此，这一把镰刀呼啸着，要割断旧世界的全部枷锁

从此，这一把铁锤呐喊着，要砸碎旧岁月的一切桎梏"

1921年7月23日，中国共产党第一次全国代表大会在上海秘密召开。会议的最后一天因受到巡捕搜查，代表们秘密转移到浙江嘉兴，在南湖景区的一条游船上继续举行会议。出席一

大的代表有：李达、张国焘、刘仁静、毛泽东、何叔衡、董必武等13人。会议庄严宣告中国共产党正式成立。从此，中国革命的航船就从这里扬帆起航，乘风破浪，在中国的历史上写下了全新的篇章。

伟大的中国共产党成立以后，在马克思列宁主义的指导下，按照民主集中制组成了统一的整体，开始为实现中华民族的伟大复兴而奋斗。民主集中制，这是中国共产党巨大的组织优势。按照民主集中制原则组织起来，是我们党能够成为中国工人阶级、中国人民和中华民族的先锋队的保证，这一组织原则也是中国共产党区别于其他政党的显著标志之一。

只有实行民主集中制原则，才能形成既严密又团结的组织，凝聚一股战无不胜的巨大力量；只有实行民主集中制原则，才能使全党在思想上、行动上保持高度一致；只有实行民主集中制原则，才能把马克思主义的精神力量转化为巨大的物质力量，中国共产党才能成为坚强的领导核心，领导全国人民建设中国特色社会主义。

第一节 中国共产党的基本情况

一、中国共产党的发展历程

中国共产党的成立，大体经历了以下几个过程：

（一）共产主义小组的建立

中国共产党的最早组织是首先在上海建立的。1920年8月，上海共产党早期组织正式成立。参加者有陈独秀、李汉俊、李达、陈望道、俞秀松等，陈独秀担任书记。上海共产党早期组织成立后，实际上成为各地建党活动的联络中心，起着中国共产党发起组的重要作用。

1920年10月，李大钊、张申府、张国焘3人在北京成立共产党早期组织，李大钊为负责人，成员大多数是北京大学马克思学说研究会的骨干。

1920年秋，董必武、陈潭秋等在武昌秘密召开会议，正式成立武汉共产党早期组织。

1920年秋，施存统、周佛海等人在日本东京建立旅日共产党早期组织，施存统为负责人。

1920年秋冬之际,毛泽东、何叔衡等人在长沙秘密组建共产党早期组织,组织的核心是新民学会骨干。

1920年底至1921年初,王尽美、邓恩铭等人在济南建立共产党早期组织。

1921年春,在与无政府主义者组织的"共产党"分道扬镳后,陈独秀等人重新组建广州共产党早期组织,成员有谭平山、陈公博、谭植棠等,陈独秀、谭平山先后任书记。

1921年,张申府、周恩来、赵世炎、刘清扬等在法国巴黎建立了共产党早期组织,由留学生中的先进分子组成,张申府为负责人。

这些共产党早期组织的名称都不太一样,有的叫"共产党",有的叫"共产党支部"或"共产党小组",但是它们的性质相同,都是组成统一的中国共产党的地方组织,后来被通称为"共产主义小组"。

各地共产主义小组成立后,开始有组织、有计划地扩大马克思主义的研究和宣传,特别是在工人中进行广泛的宣传和组织工作,进一步促进了马克思主义同工人运动的结合,为中国共产党的正式成立奠定了组织基础。

(二) 中国共产党的成立

中国共产党的诞生是历史的必然，是中国革命发展的客观需要，是马克思主义同中国工人运动相结合的产物。

1840年英国率先以炮舰打开了清王朝闭关自守的大门，国际资本主义、帝国主义的势力侵入中国，中国的社会结构由封建社会逐步演变为半殖民地半封建社会。从鸦片战争到五四运动，中国人民为了反对帝国主义和封建统治，争取民族独立和人民解放进行了英勇不屈的斗争。农民阶级领导的太平天国运动、义和团运动和资产阶级领导的戊戌变法、辛亥革命都不同程度地推进了中国的进步，但这些抗争都相继失败了。历史证明，中国的农民阶级和民族资产阶级由于他们的历史局限性和阶级局限性，都没有能力改变中国半殖民地半封建社会的性质及完成民族独立和人民解放的任务。历史也证明，在帝国主义和封建主义的统治下照搬资产阶级民主革命的模式来救中国是行不通的。中国期待着新的社会力量寻找新的先进理论开创新的救国救民之路。

随着帝国主义的入侵和现代工业的发展，中国产生了无产阶级，而且在不断发展壮大。无产阶级的产生和发展，为中国共产党的建立奠定了阶级基础。

1917年俄国十月革命的一声炮响,给中国送来了马克思列宁主义,使中国的先进分子找到了救国救民的真理。马克思列宁主义在中国的广泛传播,为中国共产党的建立奠定了思想基础。

1919年爆发的五四运动,使中国工人阶级开始以独立的姿态登上政治舞台,同时也促进了马克思主义同中国工人运动的结合,为中国共产党的建立作了思想上和干部上的准备。

从1920年初开始,各地共产主义小组相继成立,并开展了多方面的革命活动,广泛传播马克思列宁主义,促进马克思主义同工人运动的进一步结合,为中国共产党的正式成立奠定了组织基础。

1921年3月,在俄国共产党远东局和共产国际的建议及支持下,召开了各地共产主义小组的代表会议,发表了关于党的宗旨和原则的宣言,并制定了临时性的纲领。这次会议为党的成立作了必要的准备。

1921年7月23日至31日,中国共产党的第一次全国代表大会在上海召开。参加大会的是来自7个地方的13个代表,代表50多名党员。大会通过了中国共产党的第一个纲领和决议。纲领规定:党的名称是"中国共产党";党的性质是无产阶级政党;党的奋斗目标是推翻资产阶级,废除资本所有制,建立无产阶级专政，实现社会主义和共产主义；党的基本任务是从事工人运动的各项活动，加强对工会和工人运动的研究与领导。大会选举产生党的领导机构——中央局，陈独秀为书记，张国焘负责组织，李达负责宣传。

党的一大宣告了中国共产党的正式成立。从此，在中国古老的大地上诞生了一个崭新的统一的工人阶级政党，这个党以实现共产主义为目的、以马克思列宁主义为行动指南。中国共产党的成立，给灾难深重的中国人民带来了光明和希望，给中国革命指明了方向。正如毛泽东说的那样，中国共产党的成立，是一个开天辟地的大事件。自从有了中国共产党，中国革命的面目焕然一新。

二、中国共产党的性质和宗旨

（一）中国共产党的性质

《中国共产党章程》明确规定："中国共产党是中国工人阶级的先锋队，同时是中国人民和中华民族的先锋队，是中国特色社会主义事业的领导核心，代表中国先进生产力的发展要求，代表中国先进文化的前进方向，代表中国最广大人民的根本利益。党的最高理想和最终目标是实现共产主义。"这一论述从党的阶级性、先进性、党的根本宗旨、领导地位和奋斗目标等方面对中国共产党的性质作了全面而科学的阐述，充分体现了中国共产党实事求是的优良品质和与时俱进的创新精神。

1. 中国共产党是中国工人阶级的先锋队

中国共产党是中国工人阶级的先锋队，是从党的阶级性和先进性两个方面对党进行定性的。

（1）中国共产党是以中国工人阶级为基础，是马克思列宁主义与中国工人运动相结合的产物，以中国工人阶级为基础，是党的阶级性的体现，集中体现了中国工人阶级大公无私、严格的组织纪律性和革命的坚定性等优秀品质。

中国共产党成立以来，始终坚持以工人阶级作为自己的阶级基础。新中国成立后，随着社会主义制度的建立，中国工人阶级成为国家的领导阶级，工人阶级的生活状况和文化教育水平得到很大提高，知识分子也成为工人阶级的一部分。改革开放以来，特别是随着社会主义市场经济体制的建立和发展，中国工人阶级的队伍也相应地发生了变化。

（2）中国共产党党员是由工人阶级中的先进分子组成的。中国共产党是中国工人阶级的先锋队，只有工人阶级中具有共产主义觉悟，对工人阶级的解放事业表现出无限忠诚的先进分子，才能成为党的成员。改革开放以来，随着我国社会主义政治、经济体制发生的巨大变化，我国的社会阶层也随之发生新的变化，出现了各种新社会阶层。这些新的社会阶层中的广大人员也是中国特色社会主义事业的建设者。在这种情况下，党不仅应把工人阶级中符合党员条件的先进分子吸收到党内来，而且应把其他阶级、阶层中符合党员条件的先进分子吸收到党内来，通过他们影响和带动新社会阶层中的其他人更好地为国家和社会服务，同时也能为党不断注入新鲜血液，保证党的先进性。这与我们党是由工人阶级先进分子所组成的原则并不矛盾。

（3）中国共产党是以无产阶级的先进理论武装起来的。这个先进的理论，就是马克思列宁主义、毛泽东思想和中国特色社会主义理论，代表了中国社会发展的正确方向。

2. 中国共产党是中国人民和中华民族的先锋队

马克思在讲工人阶级的历史使命时说，工人阶级只有解放全人类，才能最后解放自己。中国共产党是中国人民和中华民族的先锋队主要体现在以下几个方面：

（1）中国工人阶级的根本利益同中国人民和中华民族的根本利益是一致的。党除了工人阶级和最广大人民群众的利益之外没有自己特殊的利益；党的历史命运也是同全体人民和整个中华民族的历史命运紧密联系在一起的。

（2）中国共产党制定和贯彻的路线、方针和政策顺应最广大人民群众的意愿。中国共产党从成立之初，就扎根在广大人民群众之中。党离不开人民，人民也离不开党。中国共产党领导中国人民翻身做了主人。中国共产党执政后，实际上就是把人民赋予的权力用来为人民大众谋利益，为人民大众服务。总之，中国共产党执政，就是要实现好、维护好、发展好最广大人民的根本利益。

（3）中国共产党要实现民族振兴，就必须成为中国人民和中华民族的先锋队。中国共产党要坚持把马克思主义基本原理与中国的具体实际结合起来，不断推进中华民族伟大复兴；要大力继承和发扬中华民族的优秀文化，同时还要积极主动地借鉴世界上的先进文明成果；要凝聚中华民族的力量，调动和发挥最广大人民群众的积极性、主动性和创造性；党更要吸纳整个民族各个阶层的优秀知识分子，不断保持党的先进性。

3. 中国共产党是中国特色社会主义事业的领导核心

中国百年巨变得出的结论是：只有中国共产党才能领导中国人民取得民族独立、人民解放和社会主义建设的伟大胜利，才能开创建设有中国特色的社会主义道路，实现民族振兴、国家富强和人民幸福。

（1）中国共产党的领导地位是历史和人民的选择。历史表明，只有中国共产党才能救中国。中国共产党团结和领导全国人民走上正确的道路，经过28年艰苦卓绝的斗争，建立了中华人民共和国，取得了新民主主义革命的胜利。中华人民共和国成立以后，中国共产党成为执政党。党就领导全国各族人民完成了生产资料私有制的社会主义改造，顺利地实现了从新民主主义到社会主义的过渡，建立了社会主义制度。随后，党又领导全国人民开始全面大规模的社会主义建设。几十年来，尽管我们走过弯路，有过失误，但是党和全国人民克服重重困难，取得了前所未有的进步。党的十一届三中全会以来，我国进入了改革开放和社会主义现代化建设新的历史时期。三十多年来，在中国共产党的正确领导下，我国综合国力大幅度跃升，社会长期保持安定团结，民族凝聚力也极大增强，这是人民得到最多实惠的时期。总之，中国共产党诞生九十多年的历史证明，只有中国共产党能够肩负起民族的希望，领导中国人民把历史推向前进。没有共产党，就没有新中国；只有在共产党领导下，才能更快地发展中国。所以说，中国共产党的领导地位是在长期革命、建设和改革的实践中形成的。

（2）中国共产党的领导是取得中国特色社会主义事业胜利的根本保证。首先，只有坚持中国共产党的领导，才能始终保证社会主义现代化建设的方向。我国社会主义建设的根本任务，是进一步解放生产力，发展生产力，把中国从不发达的社会主义国家变成富强、民主、文明、和谐的社会主义现代化国家，使社会主义制度的优越性充分体现出来。很显然，只有以中国共产党为领导核心，才能在错综复杂的国际国内形势下，始终保证我们沿着社会主义的方向顺利前进。其次，只有坚持中国共产党的领导，才能协调和组织各方面的力量，最有效地动员和组织广大人民群众，充分发挥人民群众的聪明才智，得到人民群众最有力的支持，不断取得社会主义建设的胜利。总之，只有中国共产党才能领导中国的改革和发展，其他任何组织和团体都不能代替。最后，只有坚持中国共产党的领导，才能保持安定团结的政治局面和稳定的生活环境。安定团结是全国人民的共同愿望，也是社会主义现代化建设的必要条件。如果政局不稳、社会动荡、人心涣散，现代化建设就很难继续下去。中国共产党能够及时调整各种利益关系，把全国各民族、各阶层的人民紧紧团结在一起；同时，党能够高瞻远瞩，紧紧把握社会发展的潮流,把各项事业不断推向前进。

总之,无论从哪方面来说,中国共产党成为中国特色社会主义事业的领导核心都是当之无愧的。

(二)中国共产党的宗旨是全心全意为人民服务

马克思、恩格斯在《共产党宣言》中鲜明指出:"过去的一切运动都是少数人的或者为少数人谋利益的运动。无产阶级的运动是绝大多数人的、为绝大多数人谋利益的独立的运动。"中国共产党的宗旨是全心全意为人民服务。中国共产党作为工人阶级的先锋队,作为中国人民和中华民族的先锋队,除了忠实地代表工人阶级和人民群众的根本利益外,没有其他任何特殊利益,这就决定了中国共产党的唯一宗旨就是全心全意为人民服务。

中国共产党的最高原则是为人民服务,因此,一切从人民的利益出发,全心全意为人民服务,是我们党和每个党员在做一切工作时的出发点和归宿,这也是中国共产党区别于其他任何政党的显著标志之一。在新的历史时期,立党为公、执政为民是党的根本宗旨的具体体现。"立党为公",就是说中国共产党建立、发展、存在和开展活动的根本目的是为最广大人民群众谋利益;"执政为民",就是要求党在取得政权以后,更好地利用国家政权为人民群众谋最大利益。

全心全意为人民服务,始终是党的事业兴旺发达的力量源泉。人民,只有人民,才是创造历史的动力。无论过去、现在还是将来,这都是一条颠扑不破的真理。中国共产党的根基在人民、血脉在人民、力量在人民。党领导的中国特色社会主义事业,是一场前所未有的伟大事业,是人民群众创造自己幸福生活的事业,也是非常艰巨和充满挑战的事业。只有坚持全心全意为人民服务的宗旨,把党和人民的利益摆在高于一切的位置上,任何时候、任何情况下都首先想到党和人民群众的整体利益,才能保证现代化建设和改革开放的顺利进行。

第二节 中国共产党的根本组织原则

一、民主集中制是党的组织原则

2012年,中国共产党第十八次全国代表大会召开,十八大党章对民主集中制的基本原则作了六条规定。这六条规定,不仅是我们党健全组织制度的依据,而且党的每个组织和每个党员必须遵守,都必须按照这个根本原则办事。

在新的历史时期，全党的各个组织和全体党员要认真贯彻执行民主集中制原则，努力在党内形成又有集中又有民主，又有纪律又有自由，又有统一意志、又有心情舒畅、生动活泼的政治局面。

要达此目标，必须明确民主集中制的基本原则。

（一）"四个服从"原则

党章对民主集中制原则作的第一条规定是："党员个人服从党的组织，少数服从多数，下级组织服从上级组织，全党各个组织和全体党员服从党的全国代表大会和中央委员会。"这"四个服从"是民主集中制的重要原则，没有服从也就谈不上集中。第一个服从是处理党员个人和党组织之间的关系的原则，这要求党员在任何时候都要把自己放在党组织的领导和监督之下。第二个服从是党内决定问题时必须遵循的原则，是"四个服从"的基础，如果失去了这个原则，民主集中制实际上就不存在了。第三个服从是处理党的上下级组织之间相互关系的原则，它要求下级组织必须服从上级组织的决议，接受上级组织的领导。第四个服从有利于保证全党在政治上、思想上一致、行动上统一，这是"四个服从"的核心。只有这样，全体党员和各级党组织才能紧密地团结在党中央的周围，"党才能够领导全体党员和全国人民为实现现代化的伟大任务而战斗。"

"四个服从"也不是盲目地、机械地服从。服从是自觉地服从，只有充分认识中国特色社会主义伟大事业才能自觉服从；服从也是建立在高度民主的基础上，各级党组织和每个党员在党内都享有充分的民主权利，在少数服从多数的前提下，多数会尊重少数的意见和建议。

（二）民主选举原则

党章对民主集中制原则作的第二条规定是："党的各级领导机关，除它们派出的代表机关和在非党组织中的党组外，都由选举产生。"实现党内广泛民主最基本的要求就是实行民主选举原则。只有通过选举产生的领导机关，才能有广泛的群众基础，人民才能更加信服，广大党员也会更加拥护和支持；只有通过选举才能实现党员的选举权、被选举权、表决权等民主权利，增强党员的责任意识；只有通过选举才能把德才兼备的、受到人民拥护的人才吸纳到党内，增强党的生命力。总之，这条原则可以加强党内的民主监督，搞好党的组织建设，并进一步坚持和改善党的领导。

（三）党的委员会向代表大会报告原则

党章对民主集中制原则作的第三条规定是："党的最高领

导机关,是党的全国代表大会和它所产生的中央委员会。党的地方各级领导机关,是党的地方各级代表大会和它所产生的委员会。党的各级委员会向同级的代表大会负责并报告工作。"这条原则明确了党的全国代表大会和党的地方各级代表大会在党内的地位,也明确了党的中央委员会和党的地方委员会在党内的地位。党的代表大会的代表是由党员民主选举产生的,因此,党的重要问题必须由党的代表大会作出决定。但是,党的代表大会通常是五年召开一次,所以在代表大会闭会期间,应当由代表大会选举产生的委员会来执行它的决议,领导党的工作。党的各级委员会要向同级的代表大会负责并报告工作。党的代表大会制度是党内最基本的民主制度,是党员行使自己的权利,管理党内事务最主要的途径。

(四)正确处理上下级党组织关系原则

党章对民主集中制原则作的第四条规定是:"党的上级组织要经常听取下级组织和党员群众的意见,及时解决他们提出的问题。党的下级组织既要向上级组织请示和报告工作,又要独立负责地解决自己职责范围内的问题。上下级组织之间要互通情报、互相支持和互相监督。党的各级组织要按规定实行党务公开,使党员对党内事务有更多的了解和参与。"这条原则可以保证党员对党内事务有更多的了解和参与，有利于广大党员及时了解上级党组织的意图，充分发挥下级组织或者各个党员的积极性、主动性，使上级决议和指示能够顺利执行，既可以克服上级组织工作中的主观片面性，又可防止下级组织的涣散，从而达到全党在思想上和行动上协调一致。总之，这条原则既体现了党的民主原则和党坚持群众路线的原则，又体现了党的集中统一领导和发挥下级组织积极性和主动性相结合的原则。

（五）党委会集体领导和个人分工负责相结合的原则

党章对民主集中制原则作的第五条规定是："党的各级委员会实行集体领导和个人分工负责相结合的制度。凡属重大问题都要按照集体领导、民主集中、个别酝酿、会议决定的原则，由党的委员会集体讨论，作出决定；委员会成员要根据集体的决定和分工，切实履行自己的职责。"凡是属于重大问题，都要由党的委员会集体讨论作出决定；同时，党的委员会的成员要根据集体的决定和分工，切实履行好自己的职责，还要关心全局的工作，积极参与集体领导。党的各级领导班子的主要负责人应当带头贯彻执行民主集中制，支持领导班子成员在职责范围内独立负责地进行工作。领导班子成员要互相信任和支持，维护领导班子的团结，增强工作的效率。总之，坚持这一原则，既有利于发挥党委（党的委员会）集体的智慧和决策能力，也有利于充分发挥每个党员的积极性和主动性，增强责任心。

（六）禁止个人崇拜原则

党章对民主集中制原则作的第六条规定是："党禁止任何形式的个人崇拜。要保证党的领导人的活动处于党和人民的监督之下，同时维护一切代表党和人民利益的领导人的威信。"这条原则强调既要维护各级党组织中的领导人特别是党的领袖的权威和威信，又要正确处理党组织中的领导人与一般党员、干部的关系。这是正确处理领导人与党和人民群众关系的重要原则。当然，领袖人物具有丰富的领导革命和建设的经验，对党和人民的事业发展具有重要的作用，因此我们也要维护一切代表党和人民利益的领导人的威信。同时，我们也应该肯定，历史是人民群众创造的。历史上的一切杰出人物都是特定时代的产物，是在实践中锻炼成长起来的。过分推崇领袖人物，无限夸大领袖或领导人的作用，对领导人的信任和依赖超出对集体的信任和对人民群众的依赖，把一切功劳都归于领导人，甚至造成个人崇拜，就必然使党的民主集中制遭到破坏。把党的领导人的活动置于党和人民群众的监督之下，不仅可以避免党的事业遭受损失，而且也是对领导人的关心和爱护。

　　这六条基本原则首先明确地规定了党内的各种关系，包括党员个人和党的组织的关系，党的下级组织和上级组织的关系，党的中央组织与下属各级组织的关系，党的领导人与党和人民之间的关系，充分体现了我们党自觉贯彻群众路线。其次，规定了党的领导活动的制度是集体领导和个人分工负责相结合的制度。再次，强调党的领导人的活动要处于党和人民的监督之下；反对和禁止任何形式的个人崇拜。这六条基本原则既体现了党内高度的民主，又体现了高度的集中，是我们党实行民主集中制经验的结晶。经验表明，民主集中制不仅是党的根本组织原则，而且是党的根本领导制度和工作制度。

二、民主集中制原则在党的建设中的地位

　　中国共产党之所以能从小到大，从弱到强，以至今天能把8000多万党员联结成为一个有机的整体，是因为民主集中制是党的组织原则，党的一切活动都是按民主集中制的基本原则进行的。民主集中制在党的建设中具有极其重要的地位。

（一）民主集中制是中国共产党组织路线的核心

　　中国共产党的组织路线是党进行组织工作的根本原则和根

本方针，是根据一定历史时期党的政治路线制定的。政治路线决定组织路线。一般情况下，有什么样的政治路线，就有什么样的组织路线，组织路线为政治路线服务，是实现政治路线的保证。党的组织路线的主要内容包括：组织原则，组织制度，共产党员和干部的标准，党的干部政策和干部队伍建设，党内政治生活准则，等等。民主集中制作为党的组织原则是中国共产党组织路线的核心。

首先，中国共产党是按照民主集中制原则组织起来的政党。这也是由党的性质和任务决定的。中国共产党是中国工人阶级的先锋队，先进的马克思主义理论是党的行动指南，党的最高理想和最终目标是实现共产主义；党在现阶段的任务，是建设中国特色社会主义，把我国建设成为富强、民主、文明、和谐的社会主义现代化国家，实现中华民族的伟大复兴；党在新阶段的奋斗目标是全面建成小康社会和全面深化改革开放。中国共产党要完成这一历史使命，就必须组织起来，组织起来才有力量。

同时，党的民主集中制对于保持党的性质又具有很重要的作用。党组织是由一个一个的党员组成的，但它不是党员数字上的简单相加。中国共产党是按照民主集中制原则自上而下建立了各级组织机构，形成党的中央组织、地方组织和基层组织的梯形结构。党的各级组织，只有按照民主集中制原则才能建立起坚强的领导机构，保证党组织的正常活动。在这个统一的梯形结构中，存在着许多关系，也会存在各种矛盾。民主集中制原则可以正确处理党内各种关系和矛盾，在高度民主的基础上实行高度的集中，维持党组织的合理结构，保持党内生活的正常秩序，保持党在思想上、组织上的团结和统一，使党成为一支组织严密、行动有序、有战斗力的党。

其次，坚持党的民主集中制能够充分发挥共产党员的作用。民主与集中的统一，是民主集中制的核心。民主集中制的各项基本原则，都是这一核心精神的具体体现。从党员个人与党的整体的关系来说，同样体现了民主和集中二者的统一：在民主方面表现为，党员不管职务高低，在党内是完全平等的，每个党员都享有充分的民主权利；在集中方面表现为，党员个人必须服从党的组织和纪律，不能自行其是。正确实行民主集中制原则，健全党内民主制度体系，保证党员的民主权利，可以充分发挥党员的积极性和主动性，保持党的生机和活力，协调党内各种关系，解决党内经常发生的矛盾，从而不会因为意见有分歧而影响党在组织上的统一和行动上的一致，"努力在全党造成又有集中又有民主，又有纪律又有自由，又有统一意志又有个人心情舒畅、生动活泼的政治局面"。

最后，坚持党的民主集中制才能管理好党的干部队伍。自党的十一届三中全会以来，为了适应新时期社会发展的需要，党中央对干部队伍提出了"革命化、年轻化、知识化、专业化"的要求。党的十八大报告中也指出："坚持和发展中国特色社会主义，关键在于建设一支政治坚定、能力过硬、作风优良、奋发有为的执政骨干队伍。"其中很重要的一点，就是领导干部要具备学识、见识和胆识，并将三者高度统一起来，才能担负起时代和人民赋予的重任。要使各级领导干部具备更高的素质和能力，必须坚持党的干部路线，坚持任人唯贤（指用人只选有德有才的人），选贤任能，坚决反对任人唯亲（指用人不问人的德才，只选跟自己关系亲密的人）。而要做到这一点，最重要的就是必须在干部问题上走群众路线，贯彻民主集中制原则，也就是说，不论是涉及干部选举，还是关于干部考核、任免、升降等问题，都要贯彻领导与群众相结合，民主与集中相结合的原则，只有这样，才能管理好干部队伍。

（二）民主集中制是坚持党的正确思想路线的重要条件

党的思想路线是中国共产党的实践活动的思想方法和思想

原则，是党制定政治路线、组织路线和各项方针政策的基础，也是正确理解和执行党的路线、方针、政策的保证。

党的思想路线基本内容是：一切从实际出发，理论联系实际，实事求是，在实践中检验真理和发展真理。其精髓是：解放思想、实事求是、与时俱进。其实质和核心是：实事求是。坚持党的思想路线，解放思想，实事求是，与时俱进，体现了我们党的马克思主义思想品格，是我们党应对前进道路上各种新情况新问题、不断开创中国特色社会主义事业新局面的一大法宝，是我们党的生命线。

党的民主集中制与党的思想路线有着十分密切的关系，二者是相互依存，不可分割的。思想路线是贯彻民主集中制的基础，民主集中制是贯彻思想路线的组织保证。

党的民主集中制能否实行或者实行得好坏，与党的思想路线是否正确有很大的关系。思想路线正确，民主集中制的实行就有了牢固的思想基础；思想路线不正确，民主集中制的实行就会遇到障碍。

另一方面，民主集中制实行得如何，对党的思想路线也会产生深刻的影响。如果民主集中制实行得不好，就有可能出现党内错误思想路线占主导地位的情况，这时候，主张正确思想路线的党员，不但得不到赞同和支持，而且还会受到打击、排斥。即使党的思想路线正确，由于民主集中制不能很好地得到实行，时间长了，也会使党的思想路线逐渐发生偏离。如果民主集中制实行得好，就会为正确思想路线的确立和贯彻执行奠定坚实的组织基础。即使党的思想路线在某个时期出现偏差，民主集中制如果得到较好的实行，也会为党纠正这种偏差，创造良好的党内生活环境。因此，在不断加强对党员的马克思主义理论教育的同时，要坚决执行并努力健全党的民主集中制，这也是为全党贯彻执行正确的思想路线创造条件。

（三）民主集中制是制定和执行正确政治路线的保证

政治路线是党的纲领的具体体现，它决定着党在一定历史时期行动的方向，也决定着党的建设的方向。

中国共产党的最高纲领是实现共产主义的社会制度。党要实现这个最高纲领，必须经过一个漫长的历史过程，这个历史过程又可以分为若干历史阶段。因此，党还必须根据各个历史阶段的实际情况，科学地确定一定历史时期的任务即奋斗目标，以及实现这一目标依靠和团结什么力量等根本原则。这就是党在一定历史时期的政治路线。

党的政治路线是党在一定历史阶段的具体纲领，它具有总揽全局的作用，为党的全部工作确定方向和目标。十一届三中全会以来，党中央总结了我国社会主义建设的历史经验教训，在社会主义现代化建设的伟大实践中，坚持把马克思列宁主义基本原理同中国具体实际相结合，逐步形成和发展了建设有中国特色的社会主义理论，并在这个理论的指导下，制定了党在社会主义初级阶段的基本路线，也就是新时期党的政治路线，即"领导和团结全国各族人民，以经济建设为中心，坚持四项基本原则，坚持改革开放，自力更生，艰苦创业，为把我国建设成为富强、民主、文明、和谐的社会主义现代化国家而奋斗"。党在现阶段的政治路线，是正在进行的建设有中国特色社会主义伟大事业取得成功的最根本保证。

　　党的民主集中制和党的政治路线紧密相关，二者之间实质上是党的组织路线与党的政治路线的关系。党的政治路线决定党的组织路线，党的组织路线是贯彻执行党的政治路线的组织保证。正确的政治路线是民主集中制能够贯彻执行的前提条件。一般情况下，有什么样的政治路线，就会有什么样的组织路线。回顾党的历史，凡是党的政治路线正确时，组织路线也正确，民主集中制执行得也好；凡是政治路线发生偏差时，组织路线也往往出现问题，民主集中制也就执行得不好，甚至遭到破坏。从1931年到1935年期间，王明"左"倾冒险主义路线在党内占统治地位，给党和红军带来了极大的损失，这就是一个最明显的例子。另一方面，党如果确立了一条正确的政治路线，仅仅表明我们党正确规定了一定时期的总任务和总政策。要想把它付诸行动，就必须确立和执行一条正确的组织路线，党的正确的组织路线的核心内容就是要坚持民主集中制，在高度民主的基础上实行高度的集中，使各级党组织和全体党员，在思想和政治上保持一致，从而达到在组织上的统一和行动上的一致，这样，才能使党的正确的政治路线变为现实。而且，只要党能在组织上严格执行民主集中制，即使政治路线发生某些偏差的时候，也可以通过一些措施来纠正偏差，保证党重新回到正确路线的轨道上来。所以，坚持民主集中制是贯彻执行正确政治路线的保证。

三、坚持和完善党的民主集中制

民主集中制是我们党的优良传统，既能充分发扬党内民主，又能坚决维护党的集中统一。民主集中制是党的一大法宝，能够保持并不断增强党的创造力、凝聚力和战斗力。坚持与完善民主集中制，是一个重要的历史性课题，根据实践的要求,不断进行理论上的探讨和实践上的创新。

(一)深化对民主集中制的认识,增强坚持和完善民主集中制的自觉性

当前,世界多极化和经济全球化在曲折中发展,以经济为基础、科技为先导的综合国力竞争日趋激烈,各种矛盾错综复杂,各种思潮相互激荡。随着改革开放的深入和社会主义市场经济的发展,国内环境也发生深刻变化,社会经济成分、组织形式、就业方式、利益关系和分配方式日益多样化,新事物、新问题层出不穷。随着党和国家事业的发展,党的路线、纲领、方针、政策和各项工作能否集中代表和反映最广大人民群众的根本利益和愿望,要靠党的各级领导干部认真坚持党的民主集中制原则来实现。坚持和完善民主集中制原则,可以更好地适应新世纪、新形势的要求,集中全党的集体智慧迎接新的挑战;可以更好地把广大党员、干部的新思想、新观点、新创造集中起来,然后推广到全党;可以更好地把各个阶层、各个职业中的社会主义劳动者的意见、愿望和要求集中起来,巩固和扩大党的群众基础。这对于顺利地推进改革开放和现代化建设,搞好各方面的工作,都有着非常重大的现实意义。

（二）坚决维护党的集中统一

党章规定："必须实行正确的集中，保证全党的团结和行动一致，保证党的决定得到迅速有效地贯彻执行。"党的十八大报告也明确指出："党的集中统一是党的力量所在，是实现经济社会发展、民族团结进步、国家长治久安的根本保证。党面临的形势越复杂，肩负的任务越艰巨，就越要加强党的纪律建设，越要维护党的集中统一。"要维护党的集中统一，就必须严格按照民主集中制原则办事，严格遵守党章规定的"四个服从"原则，即"党员个人服从党的组织，少数服从多数，下级组织服从上级组织，全党各个组织和全体党员服从党的全国代表大会和中央委员会"。改革开放以来，在党中央的领导下，广大党员干部能够严格遵守党的政治纪律，有效地维护了党的集中统一。但是也应该看到，当前一些党员、干部违反政治纪律的问题也会发生。例如，极少数党员、干部公开发表与党相背离的言论；有的对中央的决策和要求另搞一套、我行我素；还有的党员、干部不负责任，编造传播政治谣言，在干部、群众中造成恶劣的影响，对党和国家的工作造成干扰。这些都是党的政治纪律不允许的。因此，广大党员和党的各级组织要严格律己，从人民利益的高度出发，在思想上、组织上和行动上同党中央保持一致,坚决服从党中央的统一领导,贯彻中央的决议,坚决维护中央的权威,保证政令畅通,坚决反对一切派别组织和小集团活动,反对两面派的行为,决不允许"上有政策、下有对策",决不允许有令不行、有禁不止。要在党内的民主生活中,批评和纠正错误的思想和行为,把思想认识统一到党的整体利益上来。

(三)发扬理论联系实际的学风,积极推进党内民主

党的十八大报告指出:"党内民主是党的生命",并强调:"要坚持民主集中制,健全党内民主制度体系,以党内民主带动人民民主。"这是总结党的历史经验得出的科学结论,是加强和改进执政党的领导的新要求。没有党内民主,就没有党的事业的兴旺发达。事实表明,什么时候有了党内民主,我们党和党所领导的事业就充满生机;什么时候党内民主受到削弱和破坏,党就会失去活力,党的事业就会遭受严重挫折。我们党要领导全国各族人民为实现全面建成小康社会的伟大目标而努力奋斗,必须认真解决好党内民主这一重大课题,做到以下几点:

1. 尊重党员的主体地位,保障党员的民主权利。尊重党员主体地位是以胡锦涛同志为代表的党中央在党的十七大上提

出的一个重大命题，并在党的十八大党章中首次将尊重党员主体地位写入党章，体现了党员在党的事业中的地位和作用。尊重党员的主体地位，有利于发展党内民主，使党内生活更加活跃，保持党的先进性和纯洁性，增强党的创造力，提高党的执政能力和执政水平。尊重党员的主体地位，各级党组织就要树立正确的观念，发扬民主作风，倾听党员的意见，充分尊重和体现党员的意志。因此，必须保障党员在党内生活中应该享有的各项民主权利，即知情权、参与权、表达权、选举权和监督权；必须保障党员在党的工作和党的事业中的骨干作用得到充分发挥。同时，广大党员也要树立和增强主人翁意识，自觉履行党员的权利和义务。

2. 发挥党员的积极性，增强党的创新活力。推进党内民主，就是要充分发挥党员在党的工作中的积极性、主动性和创造性，在党内生活中实现党员人人平等、共同参与和管理党内事务的局面，形成彼此信任、平等合作、互相支持、共同奋进的关系，从而以最大的"合力"加强和改进党的建设，保持和发展党的先进性，增强党的执政能力和创新活力。

3. 坚持党的群众路线。中国共产党最大的优势是坚持群众路线，密切联系群众，始终保持同人民群众的血肉联系。在对重大问题进行决策前，要贯彻党的群众路线，从群众中来到群众中去，进行深入的调查研究，倾听党内外广大群众、特别是基层群众的意见，使决策建立在广泛的群众基础之上，体现人民群众的利益和愿望，保证决策科学民主，符合最广大人民群众的利益。

（四）建立健全实行民主集中制的机制

1. 要完善党内的选举制度。首先，要不断提高党员的民主素质，充分保障党员的民主权利，努力在选举的每一个环节都能发挥党员的主体作用，体现选举人的意志。同时，在选举实践中，也能使党员增强主人翁意识，促使党员正确行使自己的合法权益，积极主动地参与党内事务，并对党的干部和党的各项工作提出批评、意见和建议。其次，不断改进候选人的提名方式，设置民主的、科学的提名程序，建立起党组织提名与党员或党代表提名相结合、自下而上和自上而下相结合的提名制度。再次，不断完善选举工作的程序，要坚持权利平等原则，在党内选举时，每位党员一人一票，选票的价值一样，从根本上保证全体党员在党内政治生活中的平等地位。最后，不断健全党内选举的监督机制，对选举过程、选举结果的合法性、有效性进行监督确认。

2. 健全党的代表大会制度。党的代表大会制度是党内最基本的民主制度，是最能体现党内民主的制度，是党员行使自己管理党内事务权利的最主要的渠道。第一，党要通过具体制度的完善来进一步确立代表大会在党内的权威地位。第二，党的各级代表大会必须定期召开。只有按期召开党的各级代表大会，党才能根据社会发展的需要，及时对党的重大方针政策和组织问题作出决定，适时地指导党的工作。第三，完善党的各级代表大会的议事规则，也就是要按照一套科学、合理、有效的会议制度和操作程序来开好党的代表大会。这是开好党的代表大会并发挥其作用的关键。

3. 贯彻保障党员民主权利的制度。《中国共产党党员权利保障条例》是中国共产党发展党内民主、健全党内生活、加强党的执政能力建设的一个重要举措。这一条例的颁布实施对于充分发挥广大党员的积极性、主动性、创造性，提高党的创造力、凝聚力和战斗力，具有十分重要的意义和作用。因此，要认真执行《中国共产党党员权利保障条例》，切实保障党员正确行使选举权、被选举权和罢免权、了解参与权和讨论表决权、申诉、辩护和控告权。

4. 坚持和完善集体领导与个人分工负责相结合的制度。集体领导和个人分工负责,二者相辅相成,不可偏废。没有经过集体的充分讨论和决定,不容易形成正确的决策;没有严格的个人分工负责,就会使党的很多工作没有人负责,或者责任不明导致工作效率低下。因此,必须要通过一定的措施来进一步完善集体领导与个人分工负责相结合的制度。首先,在党的各级代表大会闭会期间,要发挥好党的委员会全体会议的作用。其次,要进一步完善党委内部的议事和决策制度,遵循"集体领导、民主集中、个别酝酿、会议决定"的原则。最后,要正确处理好集体领导和个人分工负责的关系,提高工作效率。

5. 贯彻党内监督制度。党内监督是中国共产党各级组织和广大党员根据党章和国家法律,对党员和党员干部,特别是对各级领导干部的公务活动进行的监督。执行党内监督,首先,要健全党内监督制度,制定党内监督条例,进一步完善监督依据。其次,要充分发挥各级的纪律检查机关在党内监督中的作用。纪检部门要敢于和善于监督,秉公办事,执法如山,维护党的纪律的尊严。最后,要把党内监督同公众监督、舆论监督、民主党派和无党派人士监督紧密结合起来,把自上而下和自下而上的监督紧密结合起来,逐步形成强有力的监督体系,保证党的纯洁性和各项任务的顺利完成。

第三节　新时期坚持民主集中制的重要性和必要性

党的十四届四中全会《决定》指出：民主集中制是我们党领导建立社会主义市场经济体制、建设有中国特色社会主义事业取得胜利的组织保证。当前，我国正在进行一场包括经济、政治、思想文化领域的深刻的社会变革，更要求我们党坚持和健全民主集中制，而绝不能放弃和削弱民主集中制。

改革开放的进行，特别是社会主义市场经济的发展，极大地改变了我国的经济生活和社会生活。有人认为市场经济强调自主独立，需要的是保护和发展民主，而民主集中制强调宏观调控，强调集中统一，这两者是对立的。其实，在这种全新的社会条件下，我们要抓住机遇，深化改革，要保证社会主义市场经济的健康发展，要保持社会稳定和促进社会全面进步，都需要在我们党的生活和党的领导工作中更好地实行民主集中制。这是因为：

第一，保证市场经济决策的科学化和民主化，要求我们进一步加强民主集中制。

发展社会主义市场经济是一个崭新的课题。市场经济相对于原来的计划经济，结构更加复杂，利益矛盾十分突出，市场竞争空前激烈，各种情况瞬息万变，这就大大增加了决策的难度，对各级领导机关和领导干部提出了更高、更新的要求。显然，在这种复杂的情况下，要对一个地区乃至整个国家的经济发展战略作出正确决策，仅凭一个人的智慧和经验是不行的，必须加强民主集中制的建设，充分调动人民群众的积极性和创造性，集中最广大人民群众的创造力和智慧，按市场需要和价值规律，作出民主的、科学的、有效的决策。

另外，实现党的正确领导，保证市场经济的发展方向，也需要坚持民主集中制。发展社会主义市场经济，最根本的是制定并执行正确的路线、方针和政策，而要制定正确的路线、方针和政策，就必须做到决策民主化和科学化。只有在民主集中制健全的情况下，党内有着正常的民主生活，大家才能畅所欲言，各抒己见，集思广益，及时发现问题和详尽地探讨党的方针、政策，仔细地研究党的领导工作，通过党内民主和集中的程序，使党的方针、政策和党的领导工作更加完善和正确，更好地指引市场经济的发展。

第二，协调市场经济条件下各方面的利益关系，要求我们进一步加强民主集中制。

邓小平指出："民主和集中的关系、权利和义务的关系，归根到底，就是以上所说的各种利益的相互关系在政治上和法律上的表现。"从计划经济向市场经济过渡，各种利益关系的格局都在发生深刻变化，情况比过去更加复杂，因为利益差别而产生的矛盾和问题也比过去更加突出。如果对这些关系处理不好，就必然会妨碍民主集中制的贯彻执行，必然会妨碍党的路线、方针、政策的贯彻落实。例如，在处理一些问题上，有的人、有的地方往往从各自的利益出发，对中央的大政方针、政策规定、改革措施采取"上有政策，下有对策"的办法，甚至不惜损害整体利益。在这种情况下，必须坚持民主集中制，加强和维护中央的领导权威。因为只有中央才能真正代表全国人民的根本利益和长远利益，才能更好地协调和处理各种利益关系，在中央和各级党政机关的管理和监督下，抵制和克服损害整体利益和全局利益的行为，同时，保护各地区各方面的合法利益，才能充分发挥全党和全国人民的积极性，建设和完善社会主义市场经济体制。

第三，市场经济具有双重效应，要求我们进一步加强民主集中制。

市场经济本身存在着双重效应。一方面，市场经济使人们的思想观念发生了很大的变化，调动了人们竞争和参与的积极性，极大地促进了生产的发展和社会的进步。另一方面，市场经济也存在的自发性、盲目性，客观上诱使某些唯利是图、拜金主义、追求享乐、权钱交易、以权谋私等腐败现象和腐朽思想的滋生，这就使广大党员特别是各级领导干部面临十分严峻的考验。而民主集中制是党内生活的根本准则，它不仅要求党员在组织上要服从党的决定，执行党的路线、方针和政策，也要求党员在政治上、思想上、行动上同党中央保持高度一致，遵守党的纪律，保持和发扬党的优良传统作风。加强民主集中制建设，建立并健全各项具体制度，严肃党的纪律，加强对党的各级领导干部的监督，并形成严格有效的监督约束机制，才能有效地抵制和防止腐败现象的滋生蔓延，防止滥用职权、以权谋私的行为发生，从而保证党的先进性和纯洁性，增强党的凝聚力和战斗力，更好地担负起领导改革开放和建立社会主义市场经济体制的历史任务。

第四，市场经济的法制性，更加要求加强民主集中制的制度建设。

社会主义市场经济在一定意义上说是法制经济，它要求有完备的法律制度来规范市场主体的行为，从而维护市场秩序，加强宏观调控，来保障经济的健康发展和公民的合法权益。当前，我国正在建立和完善社会主义市场经济体制，我们就更需要加强民主集中制，保证我国市场经济体制逐步制度化和法律化，而要实现市场经济体制逐步制度化和法律化，就必须充分发挥各级人民代表大会的立法和监督职能，致力于社会主义的民主法制建设，把党在发展社会主义市场经济过程中制定的各项政策措施，在经过实践检验并充分吸取群众和专家意见的基础上，使其具体化、规范化、法制化，以保障社会主义市场经济的持续、快速、健康发展。

第五，市场经济条件下保持党的先进性，要求我们进一步加强民主集中制。

民主集中制是从组织上维护党的先进性的根本保证。党的十四大确立了发展社会主义市场经济的目标，使我国社会发生了重大而深刻的变化，给党的建设带来了极其复杂的影响。一方面，社会主义市场经济的发展，极大地促进了生产力的发展，促进了全党思想的解放和观念的更新，激发了广大党员改革创新、开拓进取、敢于拼搏的精神，为党的肌体注入了新的活力，为保持党的先进性提供了物质和精神条件；另一方面，市场经济本身的弱点和消极方面，也从思想、政治、组织等方面直接或间接地影响了党的先进性。我国市场经济刚刚起步，竞争的法则、各种调控和监督机制还不健全，在竞争中巧取豪夺、诈骗伪冒、弄虚作假、损公利己等现象很容易滋长，使我们党长期倡导的集体主义、大公无私观念受到严重冲击。这无疑也是对党的为人民服务的宗旨的挑战。为了抵制和消除这种现象，保持党的纯洁性，最重要的就是要坚持和健全民主集中制，一方面通过民主的方法、说服的方法、批评和自我批评的方法，在原则问题上进行思想斗争；另一方面要加强制度建设，严格党的纪律，形成严格、有效的监督约束机制，形成一个腐败既难于产生又易于消除的党内环境。总之，随着改革开放和社会主义市场经济的进一步发展，坚持和健全民主集中制，对于加强和改善党的领导，增强党的凝聚力、吸引力和战斗力，完成党在新时期的各项任务，具有十分重大的意义。

总之，建立社会主义市场经济体制，需要调动一切积极因素，需要集中和发挥全党和全国人民的积极性、主动性和创造力；需要在实践中不断认识和运用客观规律，统筹兼顾，协调发展；需要用完备的法制来规范和保障。这一切都离不开党和国家按照民主集中制实行的正确领导。只有将社会主义市场经济与民主集中制统一起来才是正确的选择，才能保证社会主义市场经济的健康发展。

第四章　中国国家机构的组织原则
——民主集中制

1949年10月1日，这是一个永远都被中国人民纪念的日子。

这一天，北京30万军民聚集在天安门广场上举行开国大典。旗帜、彩绸、鲜花、灯饰，汇成了一片喜庆的锦绣海洋。下午3点，大地欢声雷动。毛泽东和朱德两位伟人一前一后，沿着天安门城楼西侧的古砖梯道，最先登上了城楼。当林伯渠宣布开会后，在国歌《义勇军进行曲》的乐曲声中，中央人民政府主席、副主席和委员就位。人民领袖毛泽东庄严宣布："中华人民共和国中央人民政府今天成立了！"这个洪亮的声音震撼了北京城，震撼了全中国，震撼了全世界，开创了中华民族的新纪元。

毛泽东亲手按动电钮，第一面五星红旗在广场上冉冉升起。同时，礼炮齐鸣28响，如报春惊雷响彻在天地间，它标志着中国共产党领导中国人民英勇奋斗28年，终于取得了中国新民主主义革命的最后胜利。

升旗之后,毛泽东宣读《中华人民共和国中央人民政府公告》,紧接着举行了规模浩大的阅兵式和群众游行。庆祝活动到晚上9点多钟结束,但欢乐的人们依然抑制不住内心的喜悦。

无数群众举着红灯在北京城里游行,直到深夜,首都还沉浸在狂欢的气氛中。狂欢的浪潮扩展到全国各地,无论是城市还是乡村,解放了的人们欢呼着、跳跃着,每个人都从心中发出同一个声音——中国人民从此站起来了!

中华人民共和国的成立,结束了少数剥削者统治广大劳动人民的历史,使帝国主义奴役中国人民的历史一去不复返,中国人民从此翻身成为国家的主人。这是马克思主义在中国的伟大胜利,更是马克思主义的基本原理同中国革命具体实践相结合的毛泽东思想的伟大胜利!

第一节 我国的国体和政体

一、我国的国体

所谓国体,是指国家的根本性质,即国家的阶级性质和阶级内容，也就是指社会各阶级在国家中的地位。也可以这样说，国体体现了国家政权掌握在哪个阶级手中，哪个阶级居于统治地位，联合哪些阶级去统治哪些阶级。国体是国家政权建设的首要问题，体现着国家的阶级本质和内涵。

我国宪法第一条明确规定："中华人民共和国是工人阶级领导的、以工农联盟为基础的人民民主专政的社会主义国家。社会主义制度是中华人民共和国的根本制度。禁止任何组织或者个人破坏社会主义制度。"这一规定表明：人民民主专政是工人阶级（经过共产党）领导的、以工农联盟为基础的，对人民实行民主和对敌人实行专政的国家政权。

第一，工人阶级是我国的领导阶级，工农联盟是我国的政权基础。工人阶级的阶级性质和它肩负的历史使命决定了工人阶级是国家的领导阶级。工农联盟是工人阶级和农民阶级的联盟，是我国的政权基础。工农两个阶级的联盟成为我国政权的基础，是由我国的基本国情决定的，工农联盟代表了我国人口的绝大多数，构成了人民民主专政的坚实基础，充分体现了人民民主专政的广泛性。

国家政权基础的构成在不同时期是不同的。在新中国的不同历史时期，人民民主专政的政权基础不断发生变化。改革开放以来，我国工人阶级的队伍不断扩大，包括知识分子在内的工人阶级和广大农民成为推动我国先进生产力发展和社会全面进步的根本力量。在社会变革中出现的民营科技企业的创业人员和技术人员、受聘于外资企业的管理技术人员、个体户、私营企业主、中介组织的从业人员、自由职业人员等社会阶层，都是中国特色社会主义事业的建设者，人民民主专政政权的基础更加广泛。

第二，人民民主专政实际上是无产阶级专政。邓小平指出，人民民主专政"实质上也就是无产阶级专政，但是人民民主专政的提法更适合于我们的国情"。人民民主专政是中国共产党领导全国各族人民在长期革命斗争中的一个伟大创造，是对马克思主义的重大发展。人民民主专政这种提法更确切、更全面地表示出人民民主和人民专政这两个互相联系的方面。两者在本质上是一致的。因此，宪法序言规定，"工人阶级领导的、以工农联盟为基础的人民民主专政，实质上即无产阶级专政"。

第三，人民民主专政是对人民民主和对敌人专政的结合。两者相辅相成，缺一不可。没有统治阶级内部的民主，就不可能对被统治阶级实行强有力的专政；不对被统治阶级实行专政，统治阶级内部的民主就难以得到保障。宪法第二十八条规定："国家维护社会秩序，镇压叛国和其他危害国家安全的犯罪活动，制裁危害社会治安、破坏社会主义经济和其他犯罪的活动，惩办和改造犯罪分子。"由于人民民主专政具有广泛的、稳定的政权基础，阶级斗争已经不是社会的主要矛盾，因而现阶段国家的主要任务是集中精力进行经济建设，在解决社会主义现代化建设过程中出现的争议和纠纷时，应当主要地、更多地采用民主的方式。民主与专政两个方面是不可分割的。只有对极少数敌对势力、敌对分子实行专政，才能保障绝大多数人的自由和权利；只有对人民内部充分实行民主，才能调动广大人民群众的积极性和主动性，投身到社会主义现代化的建设之中。

二、我国的政体

所谓政体，是指政权的组织形式，就是指统治阶级采取何种原则和方式来组织自己的政权机关，实现自己的统治。

《中华人民共和国宪法》第二条规定："中华人民共和国的一切权力属于人民。人民行使国家权力的机关是全国人民代表大会和地方各级人民代表大会。人民依照法律规定，通过各种途径和形式，管理国家事务，管理经济和文化事业，管理社会事务。"

在我国实行人民代表大会制度，是马克思主义基本原理同中国具体实际相结合的伟大创造，是近代以来中国社会发展的必然选择，是中国共产党带领全国各族人民长期奋斗的重要成果，反映了全国各族人民的共同利益和共同愿望。

人民代表大会制度是我国宪法规定的政权组织形式，是我国的根本政治制度。宪法规定国家的一切权力属于人民，由于使每个人都能直接行使权力，因此，在我国，人民在民主普选的基础上选出代表人民意志的代表，组成全国人民代表大会和地方各级人民代表大会作为行使国家权力的机关，其他国家机关由人民代表大会产生，对其负责，受其监督。

我国人民代表大会制度的核心内容具体包括："（1）各级人民代表大会都由民主选举产生，对人民负责，受人民监督。（2）各级人民代表大会和它的常委会集体行使权力，集体决定问题，严格按照民主集中制原则办事。（3）国家的行政机关、审判机关、检察机关都由人民代表大会产生，对它负责，受它监督并可以由它罢免。（4）中央和地方国家机构职能的划分，遵循在中央统一领导下，充分发挥地方的主动性、积极性的原则。"

实行人民代表大会制度是中国社会主义民主政治最鲜明的特点。在我国，人民内部虽然还有各种复杂的矛盾，但全国人民的根本利益是一致的，决定了人民可以统一行使自己的权力。我国在实现现代化，实现""中国梦""的进程中，既要解决各种复杂的问题，又要追赶发达国家，需要集中和效率。实行人民代表大会制度符合我国的实际情况。在国家机构中，全国人民代表大会作为国家最高权力机关统一行使国家权力，实行民主集中制，集体行使职权，集体解决问题；国家行政机关、审判机关、检察机关由人民代表大会产生，对它负责、受它监督，合理分工，协调一致地进行工作，保证了国家统一有效地组织各项事业，保证一切权力属于人民。

实践充分证明，人民代表大会制度是符合中国国情，体现社会主义国家性质，能够保证全国人民当家做主的根本政治制度，也是党在国家政权中充分发扬民主、贯彻群众路线的最好实现形式。人民代表大会制度能够健康发展，人民当家做主就有保障，党和国家的事业就可以顺利发展；这个制度一旦受到破坏，人民当家做主就无法保证，党和国家的事业就会遭受损失。在建设中国特色的社会主义进程中，在实现全面建成小康社会的进程中,必须毫不动摇地坚持、巩固和完善人民代表大会制度。

第二节　我国的主要国家机关

国家机关是指从事国家管理和行使国家权力的机关。我国的国家机构包括国家元首、权力机关、行政机关和司法机关。

一、国家元首

为了维护国家的稳定,维系民族情感和国家的统一,为了国际交往的需要,也为了让立法机关和行政机关能够集中精力做好本职工作,使国家机关之间协调运转,国家元首的设置是非常必要的。

在我国,国家主席是国家主权的代表,是国家统一、民族团结的象征,对内代表整个国家机构和国家权力,对外代表中华人民共和国和全体中国人民,其性质是国家元首。

我国《宪法》规定,中华人民共和国主席、副主席由全国人民代表大会(简称全国人大)选举产生。国家主席、副主席任期5年,可以连选连任,但是不能超过两届。

我国《宪法》规定，中华人民共和国主席有权根据全国人民代表大会的决定和全国人民代表大会常务委员会的决定，享有以下职权：

（一）法律公布权

即有权公布法律。同时，国家主席的法律公布权是程序性的，对决定是否批准没有否决权，也不能将法案退回要求重议。

（二）发布命令

即有权发布特赦令（指用行政权免除罪犯全部或部分的服刑），宣布国家进入紧急状态，宣布战争状态，发布动员令。

（三）人事任免权

即有权提出总理人选，有权任免国务院总理、副总理、国务委员、各部部长、各委员会主任、审计长、秘书长。

（四）外交权

即有权进行国事活动，接受外国使节，有权派遣和召回驻外全权代表，批准和废除同外国缔结的条约和重要协定。

（五）荣典权

即有权授予国家的勋章和荣誉称号。

另外，我国《宪法》规定，中华人民共和国副主席协助主席工作。中华人民共和国副主席受主席的委托，可以代行主席的部分职权。

二、国家权力机关

我国的国家权力机关是全国人民代表大会（简称全国人大）和地方各级人民代表大会（简称地方各级人大）及其常务委员会（简称常委会）。全国人民代表大会是我国最高国家权力机关，由人民选举出来的人民代表组成，代表人民统一行使国家的一切权力。作为最高国家权力机关，它不受其他任何国家机关的限制，在国家机关体系中处于最高地位，拥有最高权力，其他国家机关由它产生，对它负责，受其监督和制约。

人民代表是通过直接选举或间接选举产生的，没有民族、性别、宗教、职业、教育程度限制。人民代表在代表大会上发言和表决时，享有不受法律追究的权利以及人身特别保护权利。人民代表要同人民群众经常保持密切的联系。在代表大会闭会期间，全国人大和县以上地方各级人大设立常委会，在大会闭会期间，依法行使人民代表大会的部分职权。常设机关对代表大会负责，向其报告工作，受其监督。

我国最高国家权力机关有广泛的职权，大致可以归纳为以下四个方面：

（一）立法权。立法权就是制定、修改、废止和补充法律的职权。

（二）决定权。决定权是最高国家权力机关针对国家重大问题和事务作出决定的权力。

（三）任免权。任免权是最高国家权力机关组织其他国家机关的权力，具体指人事任免权。

（四）监督权。监督权是最高国家权力机关监督其他国家机关的权力。

三、行政机关

国务院作为中央政府是全国人大的执行机关，是最高国家行政机关。国务院由全国人大产生，向它报告工作，对它负责，受它监督。地方各级政府由地方各级人大产生，既对产生它的地方国家权力机关负责，也对上级国家权力机关和上级政府负责。

在我国，国务院的职权范围广泛，可以概括为以下几个方面：

（一）行政立法权。国务院可以根据宪法和法律，规定行政措施，制定行政法规，发布决定和命令，以及根据全国人大及其常委会的授权制定暂时执行的规定和条例。

（二）议案权。国务院有权向全国人大及其常委会提出议案，其中最重要的是法律议案。

（三）行政管理权。国务院的行政管理职权比较宽泛，例如，国务院统一领导全国行政机关的工作；宏观管理国民经济及社会事务；规定中央、省、自治区、直辖市的行政机关的职权划分等。

（四）行政区划管理权。国务院有权确定和管理地方行政区域的划分和建置。

（五）领导和管理经济和城乡建设权。国务院领导和管理全国经济和城乡建设工作，以及环境保护工作。

（六）社会管理权。国务院的社会管理权力也很广泛，主要有负责维护公共秩序，保护保障公民权利，领导和管理教育、科技、文化、卫生、体育、人口控制等方面的工作，领导和管理民政、公安、司法行政工作，以及少数民族事务和华侨事务等。

（七）管理外交和国防权。国务院需要管理外交事务，执行外交政策，负责同外国谈判缔结条约和重要的协定，并向全国人大常委会提出批准或者废除条约和外交协定的议案；国务院领导和管理国防建设，维护国家利益，保护国家安全。

（八）作为最高国家权力机关的执行机关，国务院还可以行使全国人大和全国人大常委会授予的其他职权。

四、司法机关

我国司法机关是按照宪法和法律规定，代表国家行使审判权和法律监督权的机关，由审判机关人民法院和法律监督机关人民检察院共同构成，由国家权力机关产生，对其负责，受其监督。法官和检察官由人大及其常委会选举和任免。

我国的人民法院和人民检察院的活动原则包括以下几个方面：

（一）法院和检察院分工负责，互相配合，互相制约原则。

（二）以事实为依据，以法律为准绳。

（三）司法独立，只服从法律的原则。

（四）公民在适用法律上一律平等。

（五）保障诉讼参与人依法享有的诉讼权利。

（六）审判案件公开进行的原则。

（七）民主集中制原则。

第三节　我国国家机构的组织原则

一、民主集中制是我国国家机构的组织原则

我国的国家机构按一定的原则来组织，并按一定原则来活动，从而形成了一个统一整体。我国宪法明确规定：中华人民共和国国家机构实行民主集中制的原则。我国国家机构实行民主集中制原则主要体现在以下三个方面：

（一）在国家权力机关和人民群众的关系上

全国人民代表大会和地方各级人民代表大会的代表都是由广大人民民主选举产生的。依据宪法和选举法的规定，全国人民代表大会由省、自治区、直辖市、特别行政区和军队选出的代表组成，各少数民族都有适当名额的代表。省、自治区、直辖市、设区的市、自治州的人大代表，由下一级人大选举。不设区的市、市辖区、县、自治县、乡、民族乡、镇的人大代表，由选民直接选举。除了极少数依法被剥夺政治权利的人以外，我国所有年满十八周岁的公民都享有选举权和被选举权；各级人民代表大会代表人民行使国家权力，要对人民负责，接

受人民监督。在人民代表大会的活动中，诸如制定和修改法律，以及对一些重大问题的决策，都由人民代表充分讨论，实行少数服从多数原则来民主地作出决定。宪法还规定，全国人大代表和地方各级人大代表受原选举单位和选民的监督，原选举单位和选民有权依照法律规定的程序，对违反人民意志和利益的不称职的代表，有权按照法定程序罢免自己选出的代表。

（二）在国家权力机关和其他国家机关的关系上

国家行政机关、审判机关、检察机关都是由人民代表大会产生，对它负责，受它监督。具体而言，全国人大是最高国家权力机关，全国人大常委会是它的常设机关，行使立法权、监督权、重大问题决定权、重要人事任免权等权力；国家主席、国务院、中央军事委员会、最高人民法院、最高人民检察院都由全国人大产生，对它负责，受它监督。地方各级人大是地方国家权力机关，县级以上地方各级人大设立常委会，讨论和决定本行政区域内的重大问题；地方各级国家行政机关、审判机关和检察机关，都由同级地方国家权力机关产生，对它负责，受它监督。人民代表大会统一行使国家权力，但它所决定的事情不是自己直接去办，而是由国家的行政机关和司法机关去贯彻执行。国家的行政机关，就是我们通常说的政府；国家的司法机关包括人民法院和人民检察院。

（三）在中央和地方国家机关的关系上

在中央统一领导下，充分发挥地方的主动性和积极性。宪法规定，在中央和地方国家机关的关系上，遵循民主集中制原则。首先，民主集中制保证中央的统一领导。在国家事务中，凡是属于全国的、需要在全国范围内统一决定的重大问题，都由中央决定。全国人大及其常委会制定的法律、决定和决议，国务院制定的行政法规和发布的决定、命令，地方国家机关必须严格遵守和执行。为此，宪法规定，全国人大常委会有权撤销和宪法、法律、行政法规相抵触的地方性法规和决议；国务院统一领导地方各级国家行政机关的工作。只有这样才能维护国家的统一和法制的统一。其次，民主集中制也照顾不同地方的特殊情况，赋予地方必要的自主权，允许地方按照宪法和法律的规定，因地制宜、因时制宜地自主管理和安排本地区的经济、文化等社会事务，以充分发挥地方的主动性和积极性。

二、民主集中制原则与国家政权建设

新中国成立后，我们党把民主集中制运用到政权建设，在国家机构中实行民主集中制的原则。在我国，民主集中制被写进了党章，载入了宪法，具有党纪国法的崇高地位。邓小平指出，民主集中制是党和国家最根本的制度，坚持和完善这一制度，是关系我们党和国家命运的事情。

十八大报告中明确指出："坚持走中国特色社会主义政治发展道路和推进政治体制改革。"因此，在发展有中国特色社会主义民主政治，巩固民主团结、生动活泼、安定和谐的政治局面的过程中，要进一步坚持和完善民主集中制，并把这一制度和原则全面运用到国家政权建设上来。

（一）依照民主集中制原则，坚持和改善党对国家政权的领导

中国共产党作为国家的执政党，对国家政权拥有全面的领导权。党按照什么原则、采用什么方式来实现对国家政权的领导，至关重要。

中国共产党对国家政权机关的领导，主要是一种政治路线、政治方向、政治原则和重大决策的领导以及向国家机关推荐重要干部。党按照民主集中制原则，把党对重大问题的意见、主张、决定等，经过法定程序变成国家意志，通过党组织的工作和党员的先锋模范作用，带领广大人民群众在国家和社会管理各个领域，全面贯彻执行党的路线、方针、政策。

在中国共产党领导国家政权的问题上，坚持和完善民主集中制，要做到以下几点：

1.牢固树立党领导国家政权的观念。执政党就是掌握国家政权的党。中国共产党是我国的执政党，党的领导地位和领导作用，就是通过党对国家政权的全面领导体现和发挥出来的。在这里，党的权力、国家的权力和人民的权力是融为一体的。中国共产党执政就是领导和支持人民掌握管理国家的权力，保证人民依法享有广泛的权利和自由，保证人民依法管理国家和社会事务。在我国政治体制中，党是中国特色社会主义的领导核心，国家政权机关是人民当家做主、行使国家权力的机关。党的领导、人民当家做主和依法治国的统一性，是社会主义民主政治的重要优势。处理好党和国家政权的关系，是实现党的领导必须解决好的一个问题。党的十三届四中全会以后，在总结国内外党的领导经验和教训的基础上，我们党强调要实行对国家各级政权机关的领导。江泽民指出：我们党是执政党，党的执政地位是通过党对国家政权机关的领导来实现的。如果放弃了这种领导，就谈不上执政地位。各级政权机关，包括人民代表大会、政府、法院、检察院和军队，都必须接受党的领导，任何削弱党的领导的想法和做法，都是错误的。

2. 实行"党政分开",改进党的领导方式和执政方式。"党政分开"是中国政治体制改革的主要内容之一,是指政党权力与国家机构权力的分开,不仅包括执政党与政府的权力分开,还包括执政党与国家权力机关、司法机关的权力分开。因为政党和国家机构所拥有的权力是不同性质和类型的权力,一个是政党的权力,一个是国家机构的权力,这两种权力是紧密相连的,但又是不可混淆的,它们承担的职能是不一样的。党的权力是以自己正确的理论和路线领导和支持人民掌握和管理国家,国家机构的权力是按照党的理论和路线组织国家管理和社会管理。党政不分、以党代政,实质上就是混淆两种权力,把两种不同的职能等同起来,结果就会造成"权力过分集中",而"权力过分集中"是违反民主集中制原则的。

江泽民在庆祝中国共产党成立80周年大会上的讲话中,论述了如何按照民主集中制原则坚持和改善共产党对国家政权的领导问题。他指出:"要按照总揽全局、协调各方的原则,进一步加强和完善党的领导体制,改进党的领导方式和执政方式,既保证党委的领导核心作用,又充分发挥人大、政府、政协以及人民团体和其他方面的职能作用。党委要通过科学化、规范化、制度化的机制,加强对人大、政府、政协、人民团体的领导，人大、政府、政协、人民团体的党组以及担任领导职务的党员干部，在依法进行职责范围的工作中，必须坚决贯彻党的路线、方针、政策和党委的决定。各级领导干部都必须坚决贯彻中央的大政方针和工作部署。"也就是说，坚持和改善中国共产党对国家政权的领导，就要准确地把握我国社会前进的脉搏，按照民主集中制原则加强和完善党的领导体制，把党的核心领导作用与充分发挥国家机关的职能作用统一起来，把坚决贯彻党的路线、方针、政策与依法行使国家权力、履行国家机关职责统一起来，使党的工作充满活力。

（二）依照民主集中制原则，正确认识和处理国家的权力与人民的权力的关系

在社会主义制度下，因为中国共产党始终代表人民的根本利益，并且对国家政权拥有全面领导权，所以国家的权力与人民的权力能够完全统一起来。社会主义国家的权力本质上就是人民的权力。我们可以从权力的来源、权力的作用方向、权力的作用机制和权力的作用结果来理解：从权力来源上说，这种国家权力来自人民，来自人民的委托或授权；从权力作用方向上说，这种国家权力及其行使直接为了人民的利益，完全为人民服务，对人民负责；从权力作用机制来看，这种国家权力及其运行过程，要接受人民的全面监督，一切以人民的利益为运行准则；从权力作用的结果来看，这种国家权力的行使，要保证最广大人民群众享有越来越广泛的民主权利和社会权利，使人民真正成为国家和社会的主人。在这里，国家的权力和人民的权力在民主集中制原则下实现了高度统一：国家的权力以人民的权力为基础，以实现人民的利益为目标；人民的权力通过人民行使国家权力来实现，人民的利益通过国家权力来保障。

正因如此，行使国家权力就必须坚持民主集中制原则，这就要求我国各级国家机关及其工作人员必须树立正确的权力观：中国共产党要代表并领导人民掌握和行使好国家的各项权力；我国是社会主义国家，人民是国家的主人，中国共产党的执政地位、社会主义国家的一切权力，都来自于人民；国家机关工作人员必须运用人民赋予的权力必须始终用来为国家和人民谋利益，为国家和人民服务；国家机关工作人员要始终自觉地接受党和人民对自己行使权力的监督。只有这样，才能保证国家政权是人民的政权，国家政权才会得到广大人民群众的拥护和支持，国家政权才会得到巩固和发展。反之，如果我们严重违背民主集中制原则，拥有国家权力的机关和工作人员忘记了人民和人民的委托，不去反映和实现人民的意志和利益，利用公共权力谋取个人或小团体的利益,必然会被人民彻底抛弃。正如江泽民指出的:一个政权也好,一个政党也好,其前途与命运最终取决于人心向背,不能赢得最广大群众的支持,就必然垮台。

(三)依照民主集中制原则,健全国家权力结构体系和权力制约机制

中国共产党执政后,按照民主集中制原则,建立起和人民民主专政的国体相适应的国家权力结构体系,由人民选举出来的人民代表大会统一掌握和行使国家权力,由各级人民代表大会按民主集中制原则产生同级其他国家机关,并对它们进行监督。

在国家权力结构问题上,进一步完善民主集中制,应努力解决好以下几个问题:

1.严格遵循民主集中制原则,选举产生人民完全可以信赖的、真正代表人民利益的权力机关。这里的关键在于完善选举制度,而完善选举制度的关键在于认真贯彻民主集中制原则。我国选举制度经过改革,在这方面已经取得了不少进步,例如,将直接选举的范围扩大到县一级、实行差额选举、实行无记名投票、选民或代表有权按规定推荐候选人等。但从实际情况来看,一些程序还是存在许多不完善的地方,这些都需要按照民主集中制原则继续改革和完善。

2. 人民代表大会按照民主集中制原则组织其他国家机关。我国的国家机构，都是在人民代表大会制度的基础上组织和建立的，也就是说，人民代表大会作为国家权力机关依法组织其他国家机关，是人民赋予的权力，所以也要充分体现人民的意愿和意志，保证我们的政府是人民的政府，我们的法院、检察院是人民的法院、人民的检察院。

3. 人民代表大会及其常委会按照民主集中制原则，依法对"一府两院"实施有力监督，完善了国家权力制约机制。依照我国宪法和法律，人民代表大会作为国家权力机关，对政府和司法机关实行法律监督和工作监督。这种监督在整个监督系统中是最有权威性的。要在国家生活中真正确立起人民代表大会的法律地位，使人大的实际地位和它的法律地位相一致，根本的办法就是加强法制建设，增强法律的威严，确立宪法的最高权威，坚持法律面前人人平等，任何人、任何组织都没有超越法律的特权。

（四）依照民主集中制原则，科学组织国家管理，推进决策科学化、民主化

按照民主集中制原则建立起来的国家机关，在其全部管理活动中,也要认真贯彻民主集中制原则,主要表现为:国家行政机关在党的领导下,充分行使宪法和法律规定的职权,独立开展对国家行政事务的管理;国家行政机关作为国家权力机关的执行机关,对人民代表大会负责,接受它的监督;在中央与地方、上级与下级行政机关之间,实行下级服从上级、地方服从中央的组织原则,保持政令统一,维护中央权威,中央、上级也要尊重地方、下级应有的权力和利益,充分调动和发挥他们的积极性、主动性和创造性;在国家公务员管理中,依法保障和实现国家公务员的权利和义务的统一。

在国家管理中贯彻民主集中制原则,还有一个特别重要的问题,就是推进决策的科学化、民主化,不断提高工作效率。民主集中制是实现决策科学化、民主化的重要手段。在决策的科学化与民主化的关系上,首先要做到民主化。没有民主化,就不可能解放思想,实事求是,广开言路,了解民情,反映民意,集中民智,当然也就不会有决策的科学化。反过来说,没有科学的理论和知识,没有科学的技术和方法,也不会有真正的民主和正确的决策。要实现决策的科学化、民主化,必须坚持民主集中制原则。同时,还要重视和解决好两个密切相关的问题:一是要使广大人民群众参与决策和管理的权利依法得到保障；二是要使各级国家机关及其领导人的决策权力依法受到监督。只有这样，才能避免权力滥用，使决策建立在广泛的民主基础上。

（五）依照民主集中制原则，正确处理人民内部矛盾

正确处理和协调人民内部的各种复杂的关系和矛盾，对于巩固人民民主专政的国家政权，维护社会安定团结，调动全体人民群众建设社会主义的积极性，促进社会经济发展，具有十分重大的意义。

在社会主义初级阶段，我们要坚持和完善社会主义公有制为主体、多种所有制经济共同发展的基本经济制度；坚持和完善按劳分配为主体的多种分配方式；允许一部分地区、一部分人先富起来，带动和帮助后富，逐渐走向共同富裕。坚持和完善这种经济关系，有利于促进生产力的发展，有利于人民生活水平的提高。然而，在这样的经济关系下，社会各阶层的劳动者在职业分工、劳动方式、分配方式等方面也必然会存在着差别，由此又造成在收入来源、富裕程度、生活方式、社会作用等方面的差别。种种差别，归根到底是利益的差别。在社会主义初级阶段，这种差别必然会存在。我们在承认和保护差别的同时，还必须采取适当的政策对各阶层劳动者之间利益差别进行必要的调控，朝着共同富裕的目标进行利益整合。从承认和保护利益差别到实行利益调控和整合，就是贯彻民主集中制的过程，也就是按照民主集中制原则正确处理人民内部矛盾的过程。

随着政治体制改革向前推进，民主日益发展、扩大，人民群众有了更多的知情机会和参与条件，这会使不同利益群体间的矛盾越来越明朗甚至公开表现出来。对于这种情况，党和政府也要按照民主集中制原则进行协调和引导，以保证社会的安定团结和现代化建设的顺利进行。

（六）依照民主集中制原则，推进政治体制改革

党的十八大报告中指出："政治体制改革是我国全面改革的重要组成部分。必须继续积极稳妥地推进政治体制改革，发展更加广泛、更加充分、更加健全的人民民主。"

我国的政治体制改革，是社会主义政治制度的自我发展和完善。推进政治体制改革，发展社会主义民主政治，首先要实现人民民主目标，使人民能够更好地行使国家权力；其次要不断改进和完善国家的领导体制和工作制度，使国家机关能够更好地集中全体人民的意志和利益，充分调动和发挥全体人民的积极性，更有效地领导和组织全国各族人民建设中国特色的社

会主义。

民主集中制原则,也必须贯穿于政治体制改革过程中。政治体制改革是一场深刻的革命,相比其他领域的改革,政治体制改革更加复杂、更加艰巨。因此,政治体制改革的整个进程以及它所涉及的改革内容,都必须贯彻民主集中制原则。政治体制改革的目标是民主,所以这一改革更应该讲民主。一个方案的提出,一项制度的出台,一项建设的推进,首先要充分发扬民主,广泛了解民意,深入体察民情,才会形成切实可行的决策。中央作出了决策,各级、各部门就要坚决执行,要维护和加强中央的权威。没有中央的决心和领导,没有中央的意志和权威,政治体制改革就难以向前推进。

在继续推进政治体制改革过程中,还会碰到许多困难和矛盾,需要我们进一步按照民主集中制的原则,正确认识和处理好这些困难和矛盾。

三、民主集中制组织原则的优越性

民主集中制作为国家机构的组织原则,体现了人民当家做主这一根本要求,体现了社会主义制度的优越性。

（一）民主集中制保证了人民当家做主

在我国，国家的一切权力属于人民，人民是国家的主人。国家机构的建立和建设，必须以人民民主为基础，获得人民的支持和拥护。民主集中制原则保证了国家权力来源于人民，对人民负责，受人民监督，为人民服务。权力机关（人民代表大会）体现了人民当家做主，也保证人民当家做主，其他国家机关（行政机关和司法机关）的总体功能是为人民服务，体现为人民公仆。总之，这一原则既体现了人民的至上性，又保证了国家权力的统一性。

（二）民主集中制保证了国家机关构成的合理性

在我国，国家权力机关同时也是立法机关，它在行使立法权、重大问题决定权以及执法监督权和对一府两院（人民政府、人民法院和人民检察院）活动与工作监督权的同时，按照民主集中制的原则，对中央国家机关和地方各级国家机关在职权上进行合理划分。人民代表大会通过选举（或任命）和立法，把一部分权力授予其他国家机关行使，包括选举政府行使行政权，选举法院行使审判权，选举检察院行使检察权。国家机构的这种合理分工，既防止权力的分散、无力和被滥用，又可以避免权力过分集中，使国家的各项工作协调顺畅地进行。

在中央集中统一领导下，地方适度分权，既可以保证中央政令通畅，又有利于发挥地方国家机关的自主性和积极性，不断提高工作效率，由此使得国家机关在组织结构和职权构成上实现民主与集中的合理结合。

（三）民主集中制保证了国家机关的高效运行

在国家机构的活动中，民主集中制要求国家权力机关（人民代表大会）在制定法律和作出其他重要决定时，要集中代表人民的利益和意志，体现人民民主；行政机关在执行法律过程中，要严格按照宪法、法律的要求，有效地执行国家权力机关制定的法律；司法机关在行使审判权与检察权时，实行严格的责任制。按照这样的要求，不同的国家机关分工明确，各司其职。同时，人民代表大会作为国家权力机关，对其他国家机关实行监督，有力地保证了法令畅通，提高了国家机关的运行效率。同时，按照这一原则，在中央国家机构和地方国家机构的关系上，既要有高度统一的中央集权，又要有适度的地方分权。既要保证中央权威，使政令统一和畅通，又发挥地方的一定自主性、主动性和积极性，合理确定中央国家机构和地方国家机构的设置，合理划分二者的职权范围、管理权限，以发挥全部国家机构的整体效能，从而保证国家机关的高效运行。

（四）民主集中制保证了国家的长治久安

国家机关按照民主集中制原则设置和运行，使得人民当家做主的地位得到保障，使得国家政权组织机构、权力结构、职责结构实现统分结合的合理配置，同时，使得国家机关可以在权力运行中，有效协调人民的根本利益与方方面面的不同利益，在决策和执行中有机结合民主与效率，保证了我国人民当家做主地位的有效实现，保证了我国的政治稳定和社会发展，实现了国家的长治久安。

第四节 中美组织原则的比较

一、美国的三权分立制度和分权制衡原则

三权分立，是西方资本主义国家的基本政治制度，主要内容是立法权、行政权和司法权相互独立、互相制衡。这个分权体制包括权力分立和权力制衡两个层面，二者缺一不可，共同体现在美国的宪法之中。

三权分立是美国联邦政府组建和运行的基本原则，中央政权机构由彼此平等而又独立的立法机关、行政机关和司法机

关三个机关组成，其核心内容是权力分立、制约和平衡。美国宪法规定，立法权属于由参议院和众议院两院组成的合众国国会；行政权属于美国总统；司法权属于最高法院以及国会随时制定与设立的下级法院。三者之间的宪法地位是平等的，不存在最高权力机关和谁对谁负责的问题。权力制衡指立法部门、行政部门和司法部门之间的相互牵制（制约）和平衡。相对于权力分立而言，权力制衡才是美国横向分权体制的核心。

立法权。国会是美国的立法机关，由众议院和参议院两院组成。国会两院的议员全部由选举产生，只对选民负责，不受行政机关的干预和影响，总统无权解散国会，也不能决定议员的工资待遇。参议院每州有两个名额，全国共一百名，任期六年，每两年改选三分之一。众议员按各州人口比例选出，但每州必须至少有一名众议员，固定为四百三十五个名额，任期两年，期满后全部改选。

行政权。美国总统是国家元首，政府首脑和三军总司令，宪法规定"行政权属于美利坚合众国总统"。在美国，总统由选民间接选举产生，直接对选民负责，不对国会负责，国会不得增减总统任职期间的报酬，更不能罢免总统（除非定罪），也没有权力要求总统辞职。另外，政府的重要行政官员由总统任命，对总统负责。

司法权。司法权属于美国联邦法院。联邦最高法院是美国最高审判机关，最高法院受理的案件，不论初审案件还是复审案件，都是终审判决。最高法院还拥有司法审查权，审查联邦或州的立法或行政行为是否违宪。联邦法院由总统经参议院同意后任命，一旦受任，如无失职行为，便终身任职。

美国宪法从以上三个方面对国会、总统和联邦法院作了规定，使得真正做到了立法权、行政权和司法权三者之间的分立。如国会的召开、休会、立法活动根据宪法规定独立进行，总统无权解散国会；总统行使权力，不对国会负责，而是对宪法和人民负责；联邦法院依据宪法、国会立法及总统与外国缔结的条约独立审判案件，国会与总统无权干涉。这样就充分保障了三大部门各自独立行使权力，但是权力的分立不等于权力的制衡，权力的分立只是为权力的制衡创造了前提条件。美国的国会立法权、总统行政权和法院司法权各自是怎样制约与平衡的？

（一）从国会的立法权来看，至少有三重限制

一是美国总统对国会最有力的制约武器，就是总统对国会通过的法案有批准权和否决权。国会通过的法案必须经过总统签署才能生效，而且生效的法律由总统执行，国会没有实施法律的权力，总统可以否决国会制定的法案，总统也可以通过提交国情咨文等指导、创议立法（总统拥有立法创议权，也就是说总统有建议国会立法的权利）。二是国会通过的法律在司法案件中发生争议时，最高法院有权解释法律，最高法院还有权进行司法审查，国会通过的法律违背宪法的时候，可以宣布其无效。三是在国会内部，通过一项立法，需要在国会两院中获得多数票，参议院和众议院两院互相之间可以否决对方通过的法律。另外，国会的立法也受到利益集团、选民意见、新闻传媒等各团体的影响。所以，虽然国会享有立法权，但这一权力也会在某种程度上受到制约。

（二）从总统的行政权来看，也有三重限制

一是总统在制定条约和任命高级官员的时候需要得到参议院的批准，国会有权弹劾总统，将其撤职。另外，行政机构的设置和所需经费由国会批准，如果得不到支持这些项目的资金，行政部门就无法行动。国会还有权监督行政执行情况、经费开支和官员的行为。二是最高法院有权宣布总统发布的行政命令、行政机关颁布的规章条例违反宪法。三是总统也受到其任命的内阁部长等高级官员的限制，职业的官僚机构也限制着总统权力的发挥。另外，总统的行政权还受到总统任期阶段、公众支持等各方面因素的影响。所以说，总统的行政权处在权力分立和制约的制度背景中，总统必须要与各方面（包括利益集团、公众和国会、法院、官僚等各种机构）协调关系。只有这样，总统的权力才能得到巩固，总统也才真正享有自己的权力。

（三）从最高法院的司法权来看，也受到联邦政府其他分支的制约

一是国会有权决定最高法院的法官人数和联邦其他法院的设立，并为实施法院的裁决而拨款，在某些情况下可以弹劾并撤换联邦法官。同时对于法院错误解释的法律，国会可以重新立法，国会和各州一起可以通过提出宪法修正案推翻法院的裁决。二是总统可以经过参议院的批准任命联邦法官，可以赦免法院定罪的人。总统还负责执行法院的判决，但总统也可以拒绝实施最高法院的裁决。三是司法权也受到自身司法传统和理念的限制。较高级法院与较低级法院也存在相互制约。另外法院也受到舆论、新闻传媒等的制约。因此，美国的联邦法院作为政治过程的一部分，本身受到了行政机构、立法机构、公众和法院系统的制约。

所谓分权与制衡，事实上是协调资产阶级内部权力分配的一种机制。实行三权分立、权力制衡的一个必然结果，是三大权力机关之间相互扯皮，导致效率低下。其实，即使在美国，三权分立的原则也难以在政治实践中真正贯彻。总之，美国的三权分立制本质上是一种资产阶级民主制度，它有效地维护了美国资产阶级的统治。三大权力机关之间互相制约、平衡，却没有一个代表人民意志的权力机关，因而不可能实现人民群众的多数人统治，广大劳动人民不可能在这种制度下享有真正的民主。

二、三权分立制度不适合我国国情

三权分立制度是同资本主义经济基础相适应的基本政治制度。在资产阶级革命取得胜利后，以生产资料私有制为基础的经济生活导致利益多元化，也就导致资产阶级内部出现大量的政治派别和利益集团。因此，在确立和发展资本主义制度的过程中，资产阶级通过分权制约的方式来协调内部不同利益集团的冲突，防止某个集团或阶层的专制。可见，三权分立只能是资产阶级内部利益的一种瓜分和调整。作为一种政治制度，三权分立严重的弊端在于，它使相当一部分权力在相互牵制中抵消,很多决策常常是议而不决、决而不行,导致大量的人力、物力、财力和时间的浪费。所以说,三权分立制度不适合我国国情。

（一）我国的经济基础决定不能实行三权分立制度

在社会主义初级阶段,我国的基本经济制度是以公有制为主体、多种所有制经济共同发展。社会主义公有制实质上是指全体社会成员或者部分社会成员共同占有生产资料,实现人们在生产资料面前的平等。这种所有制形式决定了劳动者之间的根本利益是一致的,他们之间不存在那种深刻的利益对抗关系,因而在国家政治形式和党派制度上,没有必要人为地把他们划分为各种不同利益的政治对手。我国宪法明确规定："中华人民共和国是工人阶级领导的、以工农联盟为基础的人民民主专政的社会主义国家。"与这一国体相适应,我们的政体采取人民代表大会制度。

（二）我国不存在实行三权分立制度的历史前提

我国实行的人民代表大会制度、共产党领导的多党合作和政治协商制度等具有中国特色社会主义民主政治制度,是中国共产党领导人民经历长期革命斗争的产物,是人民群众的选择,是历史的选择。如果放弃了这些行之有效的政治制度,实行三权分立和多党制，必然动摇我国社会主义民主政治制度的根基，动摇人民当家做主的政治地位。

（三）以民主集中制为原则的人民代表大会制度适合我国国情

人民代表大会制度一方面体现了广泛的人民民主，另一方面，又保证了人民意志的统一和国家权力的统一，保证了决策的效率和科学性。这种制度使占社会绝大多数的工人、农民、知识分子和其他劳动群众真正成为国家和社会的主人。人民代表大会制度与三权分立不同，国家最高权力是一元的、统一的。

历史和现实都表明，以民主集中制为原则的人民代表大会制度，是符合我国国情，是具有中国特色的根本政治制度。当然，在推进政治体制改革中，应该借鉴人类政治文明发展的有益成果，重视对西方分权制约思想的研究，但一切都必须适合我国国情，一切从实际情况出发。

参 考 文 献

[1]孙应帅. 中国共产党党内民主理论研究. 合肥：合肥工业大学出版社，2007.

[2]王惠岩. 政治学原理. 北京：高等教育出版社，1999.

[3]梅丽红. 建国以来党内民主与人民民主关系的历史考察. 上海：东方出版中心，2011.

[4]李颖. 发展党内民主的思考与探索. 北京：中国经济出版社，2009.

[5]沈永社. 党内民主和党的纪律. 北京：法律出版社，1990.

[6]窦仲菊. 健全党的民主集中制. 成都：四川人民出版社，1985.

[7]高瑞兰. 论民主集中制. 郑州：河南人民出版社，1986.

[8]乔万敏. 民主集中制问题研究. 北京：中国三峡出版社，1997.

[9]顾建键. 民主集中制建设论析. 上海：上海交通大学出版社，2000.

[10]张国臣. 理想信念信仰. 北京：中国社会出版社，2011.

[11]秦自强. 大学生党课教程. 成都：四川大学出版社，2008.

[12]王玉海. 新时期民主论纲. 济南：山东人民出版社，1995.

[13]王胜今. 高校入党积极分子培训教程. 长春：吉林大学出版社，2003.

[14]庹平. 新时期中国共产党民主集中制建设的理论与实践. 当代中国史研究，2009，16（1）：21—25.

[15]许耀桐. 民主集中制在中国的认识与发展过程. 新视野，2010：4—6.

[16]许耀桐. 民主集中制：要素解析. 中共福建省委党校学报，2011（7）：36—39.

[17]魏磊. 毛泽东、邓小平民主集中制思想的时代特色与

现实启示. 探索，2002（2）：12—13.

[18]黄友锋. 解读《论法的精神》的"精神". 福建政法管理干部学院学报，2006（1）：40.

[19]王伟华. 浅谈坚持与完善民主集中制. 理论前沿，2002（6）：10—12.